HISTOIRE

DE MADEMOISELLE

DE TERVILLE.

SIXIEME PARTIE.

HISTOIRE

DE MADEMOISELLE

DE TERVILLE.

Par Madame de PUISIEUX.

SIXIÈME PARTIE.

A AMSTERDAM,
Et se trouve
A PARIS,
la Veuve DUCHESNE, rue S. Jacques,
au-dessous de la Fontaine Saint-Benoît,
au Temple du Goût.

M. DCC. LXVIII.

HISTOIRE

DE MADEMOISELLE

DE TERVILLE.

L'ASSIDUITÉ du Comte de Marsevil au Couvent de B... allarma bien-tôt sa famille; & l'Abbé de Ligny, toujours prompt à soupçonner son prochain de mauvaise conduite, crut que le Comte avoit changé d'objet; que, rebuté des obstacles qu'il avoit rencontrés dans sa liaison avec Madame de Valcy, & séduit par les agaceries de Madame Dumont, il suivoit son penchant à la galanterie.

VI. Partie. A

Ainſi cette Dame ſe trouva encore une fois compromiſe par ſon étourderie; mais la réflexion chez elle ne venoit jamais qu'après l'événement, & quand les chagrins ſuivoient ſes démarches. Si le plaiſir en étoit le fruit, rien alors ne la garantiſſoit des dangers qui pouvoient ſurvenir; ainſi ſa vertu ne ſe réveilloit qu'avec les regrets. Portée à l'amour naturellement, n'ayant rien pour s'en garantir, elle ſe laiſſoit entraîner facilement à ſon goût. Pour le Comte de Marſevil, il étoit ſi éloigné de croire qu'elle l'aimoit, qu'il aidoit lui-même à fortifier cette paſſion extravagante, par le portrait de ſon ame; comme elle trouvoit du plaiſir à le voir, elle ſe perſuada qu'elle devoit en jouir, puiſqu'il lui étoit offert ſous des apparences ſi ſéduiſantes: peut-être ſe flatta-t-elle que le Comte s'y attacheroit, ne pouvant point eſpérer de ſéduire Madame de Valcy. Cette penſée n'étoit pas délicate ; mais la plûpart des femmes ajuſtent leurs intérêts avec des motifs encore plus ſinguliers , & ce ſont celles qui riſquent le moins d'être les dupes de leur penchant.

Madame de Valcy vivoit à Prémur dans une mélancolie qui prenoit ſur ſa ſanté. Elle avoit demandé à M. de Ta-rol la permiſſion de retourner à ſon Couvent pendant qu'il ſeroit en Auvergne, & il la lui avoit refuſé ; mais il ne pût empêcher qu'elle ne rendît quelquefois viſite à Madame Dumont, quoiqu'il lui eût dit que la ſociété de cette perſonne lui déplaiſoit: elle prenoit le prétexte de rendre des devoirs à la Prieure , qui lui avoit marqué beaucoup d'amitié. Elle avoit fait différens voyages à B.... ſans y rencontrer le Comte de Marſevil ; mais un jour ayant pris un autre chemin , elle fut agréablement ſurpriſe de le trouver dans une avenue qui conduiſoit au Cou-

vent : il étoit à cheval ; la curiosité l'o-
bligea de hâter sa course pour voir les
femmes qui étoient dans la chaise ; son
premier transport fut si vif qu'il manqua être renversé de son cheval, en
voulant arrêter le Postillon de Madame
de Valcy, qui, inquiette & troublée de
la vûe du Comte, n'avoit pas eu la
force de commander d'arrêter. Cécile
reconnoissant M. de Marsevil, lui cria,
toute éperdue, de ne pas avancer plus
loin : le Comte ne put exprimer sa satisfaction que par le désordre de ses
discours. On étoit alors dans les plus
beaux jours de l'année ; Madame de
Valcy ne pouvant résister au plaisir d'entretenir un amant si tendre, se laissa
persuader par Cécile de descendre de
sa chaise pour entrer dans un petit bois
à quelque distance du chemin. Le
Comte la prit dans ses bras pour l'ai-
der à descendre ; quelle émotion, quelle
douce chaleur n'éprouva-t-il pas en em-

braffant un objet fi cher à fon cœur ?
cependant il remarqua fur le vifage de
Madame de Valcy quelqu'altération :
il lui en demanda la caufe, qu'elle rejetta fur fa fanté, qui n'étoit pas trop
bonne : ils s'expliquerent fur l'objet le
plus intéreffant pour eux; le raccommo-
dement & l'union du Comte avec fa
femme étoit l'unique raifon de la trifteffe de Madame de Valcy : elle lui
avoua que cette idée ne pouvoit s'ac-
corder avec fa délicateffe & fes fcrupu-
les. Que nous ferviroit-il , continua-
t-elle , de conferver une tendreffe qui
ne peut que nous rendre malheureux ?
Il s'eft élevé de ma part un nouvel obftacle dans les oppofitions de mon pere :
je jouiffois de ma liberté , & je pouvois me livrer fans crainte aux fentimens de mon cœur : mais le devoir fe
joint actuellement aux motifs de tranquillité. Laiffez moi vous fuir , ajoûta-
t'elle en foupirant , & tâchons l'un &

l'autre de modérer des sentimens qui
ne peuvent plus faire notre bonheur.
Quelle résolution prenez-vous, répliqua vivement le Comte ? Que craignez vous d'un homme qui vous adore,
& qui a fait tout pour vous le persuader ? Ah ! laissez-moi, au moins par
pitié & par reconnoissance, vous dire
que je conserverai toujours l'espérance
d'être à vous, & de ne vivre que pour
vous. Si vous m'avez aimée, reprit Madame de Valcy, n'ai-je pas fait plus
que je ne devois, en vous donnant de
ma tendresse toutes les preuves que la
bienséance me permettoit ? Que vous
faut-il de plus ? Que vous ayez de la
fermeté, répliqua le Comte transporté;
que vous attendiez du tems & d'un
amour tel que le mien des circonstances
heureuses ; que vous me permettiez enfin de vous voir quelquefois, de vous
écrire souvent.... Hélas ! reprit Madame de Valcy, quand je vous défen-

drois tout ce que vous me demandez , vous ne m'obéiriez pas , & peut-être que je n'aurois pas la force de vous sçavoir mauvais gré de votre désobéissance. Ces sortes d'entrevûes ont toujours les mêmes suites ; le Comte de Marsevil enivré du bonheur d'être aimé de la femme la plus aimable , l'assura d'une constance & d'une ardeur éternelle ; ils convinrent qu'ils s'écriroient par la voie de Madame Dumont, qui, jusqu'à ce jour , les avoit si bien servis.

Le Comte avoit trop de plaisir à voir Madame de Valcy pour s'en séparer si-tôt ; il profita de cette heureuse rencontre pour passer la journée avec elle : ils arriverent au grand déplaisir de Madame Dumont , fort surprise de cette circonstance. Elle ne s'étoit pas bien interrogée encore sur l'espece de trahison qu'elle faisoit à Madame de Valcy ; elle sentoit cependant le trou-

A iv

ble inquiétant qu'on éprouve quand on a des reproches à se faire ; l'agitation qui se remarquoit sur son visage l'aida à persuader qu'elle étoit malade, & lui servit de prétexte pour se retirer dans sa chambre, laissant Madame de Valcy en liberté de s'entretenir encore quelques momens avec le Comte : la foule des Religieuses & des Pensionnaires qui arriva, ne leur permit pas de continuer un entretien aussi intéressant.

Deux jours après, Madame de Valcy reçut une lettre du Comte ; elle hésita d'y faire réponse ; mais quelques articles de cette lettre étoient obscurs, il falloit en demander l'explication ; ce petit commerce nuisit à Madame Dumont ; le Comte n'ayant point besoin de son entremise, n'alla plus au Couvent : cette absence la mit au désespoir, & l'éclaira sur le peu de fond qu'elle devoit faire sur les sentimens & la reconnoissance d'un homme amoureux d'une autre femme. Elle se repentit d'avoir laissé son cœur en liberté de suivre son penchant , & d'avoir pris des espérances qui fortifioient un goût que la raison devoit modérer dans les commencemens : elle prit cependant une résolution assez prudente : ce fut de refuser les visites du Comte , qui se ressouvint enfin qu'elle lui avoit rendu les plus grands services. Il se présenta plusieurs fois pour la voir ; peut-être croyoit-il rencontrer Madame de Valcy , ou du moins parler d'elle : mais il se trompa encore dans ses espérances. Madame Dumont lui fit dire qu'elle ne voyoit personne ; cette réponse lui fit faire quelques réflexions sur sa conduite en reprenant le chemin de Marsevil : il ne put se dissimuler qu'il n'eût manqué d'égards pour cette Dame. Il fit part de ses pensées à Madame de Valcy , qui fut pleinement persuadée que Madame Dumont étoit fâchée.

Quelques jours après , étant allée au Couvent voir Madame Dumont, elle la trouva embarrassée de sa visite. Ne m'aimez-vous plus , lui demanda-t-elle affectueusement ? Je suis toujours la même , reprit Madame Dumont : mais je vous avouerai que je ne suis point contente de M. de Marsevil : sa conduite avec moi n'est ni honnête ni reconnoissante. Madame de Valcy , sans vouloir excuser le Comte , lui dit qu'elle ne devoit pas le condamner sans l'entendre. Pour moi , ajoûta-t-elle , vous ne pouvez me faire partager ses torts sans injustice, je n'en aurai jamais avec vous : je ne dois plus, répliqua Madame Dumont , me prêter à aucunes liaisons ; j'ai fait de sérieuses réflexions sur mes complaisances; je les trouve très-blâmables , & m'accuse d'avoir troublé l'union de deux époux qui vivent fort bien ensemble : vous sçavez sans doute, ajouta-t-elle , que le

Comte vit fort bien avec sa femme.

Pendant ce discours Madame de Valcy avoit tenu les yeux baissés : elle avaloit à longs traits le poison que Madame Dumont lui versoit ; je sçais, lui répondit-elle en soupirant, que le Comte est un très-honnête homme ; qu'il doit à sa femme les plus grands égards ; mais pourquoi me rappellez vous ces circonstances? pourquoi avez-vous changé de ton avec moi ? Au lieu de cet air affectueux, de ces expressions tendres que vous aviez autrefois, vous ne me marquez que de l'aigreur, & vous ne cherchez qu'à me rappeller des souvenirs fâcheux. C'est pour tâcher de vous guérir, lui répondit Madame Dumont, d'une passion qui n'a jamais fait que votre tourment. Ah ! Madame, reprit Madame de Valcy, ce n'est point là le langage que vous m'avez tenu ; & il y a quelque changement en vous que je ne conçois pas. Madame Dumont rougit & ne répondit rien : elle n'étoit point fausse ; pour le peu que Madame de Valcy l'eût pressée, elle lui eût déclaré ses sentimens pour le Comte ; mais voyant qu'elle ne la pénétroit pas, elle se remit de son mieux, & lui dit qu'elle avoit effectivement des scrupules à se prêter à la liaison qui étoit entre elle & le Comte de Marsevil ; que, tant qu'il avoit été en Allemagne, elle avoit cru pouvoir être sa confidente, mais que tout étoit changé. Je le vois bien, reprit Madame de Valcy, & je ne vous importunerai plus en vous parlant d'un homme que vous avez pris en haine pour avoir manqué à la bienséance.

Madame Dumont se repentit d'avoir marqué trop de ressentiment, & vit bien qu'elle avoit perdu le Comte pour jamais : elle essaya de réparer sa faute ; mais Madame de Valcy se détermina à se passer de confidente, quoique dans la position où elle se trouvoit, cela ne lui fût pas facile ; M. de Tarol revenu, elle ne pouvoit écrire ni recevoir des lettres du Comte , encore moins le voir ; fa vertu lui fit une loi de fe foumettre encore à cet événement ; &, fans efpérer ni craindre d'être plus heureufe elle quitta Madame Dumont , en l'affurant qu'elle auroit toujours pour elle la plus parfaite amitié. Ayant rendu vifite à quelques Penfionnaires, elle retourna à Prémur l'efprit tout rempli des difcours de Madame Dumont, & des moyens qu'elle emploiroit pour recevoir des nouvelles du Comte , fans que M. de Tarol le foupçonnât.

Il devoit bien-tôt arriver ; le Comte voulant profiter de fon abfence pour entretenir encore Madame de Valcy, il s'expofa à fon reffentiment. Quoiqu'elle lui eût défendu de venir à Prémur , elle prenoit toujours dans fes promenades le côté par où le Comte pouvoit arriver. Soit que fon cœur la conduisît, soit que le Parc fût plus agréable, elle suivoit naturellement le chemin qui la menoit de ce côté ; souvent Madame de Vaury lui proposoit de l'accompagner sans répondre positivement : elle préféroit Cécile, qui ne la gênoit pas. Un jour elle reconnut le Comte de loin, & sentit, en le voyant, autant de plaisir que d'inquiétude, craignant qu'il ne lui fût arrivé quelqu'accident qui l'obligeoit à gagner Prémur, malgré les défenses qu'elle lui avoit faites. Il l'aborda avec cet empressement, cette chaleur, qui marquoit bien que le tems n'avoit rien diminué de son amour : la crainte de lui déplaire augmentoit encore son émotion : Madame de Valcy n'étoit pas plus tranquille : elle regardoit dans ses yeux, s'il n'avoit rien de triste à lui apprendre. Il ne la laissa pas long-tems dans l'incertitude : je viens, lui dit-il, prendre congé de vous ; M. de Tarol arrive,

& je pars pour la Cour , où mon fervice m'appelle ; Madame de Valcy
n'ayant rien à dire contre une attention
auffi délicate , oublia encore fes défenfes , pour ne plus s'occuper que du
plaifir de revoir un Amant fi tendre :
leur converfation fut longue & intéreffante ; & après s'être affurés d'une
conftance éternelle , ils fe féparerent
avec un chagrin égal au plaifir qu'ils
avoient reçu d'abord ; Cécile fut chargée de recevoir les lettres du Comte ;
l'expédient étoit facile. Cette fille en
liaifon d'amitié avec le Valet-de-chambre du Comte, recevoit les lettres pour
Madame de Valcy dans celles que ce
garçon lui écrivoit.

Ces amans vécurent encore quelques
mois dans cette fituation, & rien ne
fembloit troubler leur félicité , quand
de nouveaux incidens les féparerent encore ; la Comteffe de Marfevil tomba
malade de la petite vérole ; le Comte

revint à la premiere nouvelle de son accident , suivit le dangereux usage de s'enfermer avec la personne attaquée de cet horrible mal , & risqua , pour une femme qu'il n'aimoit point , de respirer un venin pernicieux qui pouvoit lui causer la mort , sans procurer à sa femme du soulagement. Dès les premiers jours le danger fut évident , & les accidens si fâcheux , que le neuviéme elle expira dans les bras de son mari , dont les soins empressés lui firent regretter la vie.

Le Comte fit voir dans cette circonstance ce que peut l'éducation jointe au naturel le plus heureux, montrant une douleur d'autant plus vraie qu'elle étoit moderée. Il rendit à la Comtesse les devoirs qu'il devoit à une femme dont la naissance , la conduite & les vertus méritoient les plus grands égards.

Il laissa passer plus d'un mois sans

aller chez Madame de Valcy , qui obferva elle-même le filence le plus profond ; ce fut M. de Tarol qui lui annonça la mort de la Comteffe comme une nouvelle qui devoit l'intéreffer. Le Comte de Marfevil , lui dit-il , eft le maître de difpofer de fa main ; nous verrons s'il eft auffi conftant que fa conduite nous l'avoit annoncé : cette réflexion fit rougir Madame de Valcy : ce n'eft point dans l'inconftance du Comte , reprit-elle , que je trouverai des obftacles à craindre ; c'eft dans les oppofitions de la famille de Madame de Marfevil : il refte deux enfans , qui deviendront des barrieres entre le Comte & moi ; M. de Tarol & Madame de Vaury voulurent combattre ce raifonnement ; mais la fuite fit voir qu'elle ne penfoit que trop jufte.

Le Comte vint enfin l'affurer que tous fes vœux étoient de la rendre heureufe , & qu'il n'alloit fonger qu'au bonheur de ne vivre que pour elle; mais la Duchesse de S.-Pere, attentive au bien de ses petits-enfans, & au désespoir d'avoir perdu sa fille, se disposa à empêcher que son gendre ne fît un mariage disproportionné : elle assembla ses plus proches parens; il fut résolu que l'on obtiendroit une lettre de cachet pour renfermer Madame de Valcy dans un Couvent; le plus animé étoit l'oncle de la défunte, ce même Marquis de V. . . . . , amoureux des femmes extraordinaires, qui avoit vécu quelques années avec Madame de Terville, & qu'elle voulut tuer d'un coup de pistolet; il avoit vieilli à la Cour dans les plus grandes dignités, & les années ne lui avoient pas donné plus de modération, quoiqu'il sentît l'injustice de persécuter une femme aimable, qui n'avoit d'autre tort que celui d'avoir plû au mari de sa niéce; il donna volontiers son consentement à tout ce que l'on feroit pour empêcher ce qu'il appelloit son déshonneur ; c'est ainsi que la conduite de Madame de Terville influoit encore sur la fortune de sa fille. Le Marquis de V. . . . . en se rappellant tout ce qui s'étoit passé, ne pouvoit comprendre que la fille d'une femme capable de tant de désordres pût être vertueuse & estimable ; voila comme on fait un crime aux enfans de l'ignominie de leurs parens : si c'est un préjugé, il est respectable ; & je le crois assez justifié par l'expérience.

Le Marquis de V. . . . . parla de ses appréhensions à M. le Régent, dont l'esprit prodigieux lui fit pénétrer ce dont il étoit question : il ne vit qu'une famille en allarme sur un mariage peu avantageux : après s'être informé de la naissance & de la qualité de Madame de Valcy, il répondit qu'il n'étoit pas défendu à une aimable personne de chercher à se procurer un mari riche &

de bonne maifon, & qu'il ne voyoit pas de caufe pour lui nuire ; rien ne put déterminer ce Prince éclairé à confentir à ce que l'on exigeoit de lui : il fallut donc changer de batterie, tous les chemins à l'injuftice leur étant fermés.

Le Comte ne fe contraignoit plus, il voyoit fréquemment Madame de Valcy, & ne laiffoit aux parens de fa femme aucune efpérance d'empêcher le mariage qu'ils appréhendoient : on effaya de féduire M. de Tarol par des promeffes capables de tenter tout autre que lui ; il aimoit Madame de Valcy : l'honneur, qui l'avoit déterminé à quitter fa femme, le rendoit fcrupuleux fur toutes fes actions ; il auroit cru manquer à la probité, s'il eût même écouté les propofitions qu'on lui faifoit ; il dit à la Ducheffe qu'il s'étoit oppofé à l'amour de fon gendre, tant qu'il ne pouvoit que le déshonorer : mais maintenant, qu'il étoit libre de difpofer de fa main, il feroit le premier à confentir que fa fille lui fût unie. La Duchéffe voyant qu'elle tenteroit en vain de le féduire, n'y fongea plus ; mais réfolut de fe fervir d'autres moyens. M. de Tarol avertit le Comte de prendre garde à lui, fur quelques menaces qu'il avoit entendues, & voulant fouftraire Madame de Valcy aux tentatives de fes ennemis, il lui confeilla de retourner au Couvent jufqu'à ce qu'elle fût mariée ; il s'étoit arrangé avec l'Abbé de Ligny ; moyennant une penfion, la terre de Prémur lui reftoit, & il réfolut d'y féjourner jufqu'au mariage de fa fille ; mais ayant reçu des Lettres d'Auvergne, il fut obligé de partir fur le champ, & de laiffer Madame de Valcy fans défenfe.

Madame Dumont ne vit pas fans quelque chagrin le bonheur de Madame de Valcy ; mais elle n'étoit, comme je l'ai dit, fufceptible que de foi-bleſſe ; aucune méchanceté n'avoit noirci ſon caractere ; elle revit le Comte, qui lui fit des excuſes dont elle ſe contenta, trouvant du plaifir à le voir, s'accoutumant à l'idée humi-liante d'aimer ſeule, paſſant les jours, tantôt contente & tantôt trifte du bon-heur de Madame de Valcy ; la bifar-rerie de ſon humeur la rendoit ſi fin-guliere, que ſouvent le Comte s'en amufoit. Quelquefois elle les quittoit brufquement, furtout lorſqu'il faiſoit éclater ſes tranſports : Madame de Valcy devina enfin le ſujet d'une con-duite ſi extraordinaire. Cette penſée la chagrina, pour une amie qui méritoit un autre fort : elle la plaignit & réſo-lut de la guérir d'une paſſion qui ne pouvoit faire que ſon malheur. Me l'avouerez-vous, diſoit-elle à Madame Dumont, ſi j'ai deviné votre ſecret? Oui, reprit Madame Dumont, aſſez

embarraſſée de cette queſtion. Vous aimez, continua Madame de Valcy, &
vous aimez un homme qui eſt prévenu
pour une autre. Voyant qu’elle ne ré-
pondoit rien. Pourquoi ne m’avoir pas
découvert un ſecret que vous cachez
depuis long-tems ? Je vous aurois aidée
de mes conſeils. Il vous eſt fort aiſé,
reprit Madame Dumont, de donner
des conſeils ; ſongez à ceux que je vous
ai prodigués & que vous ne ſuiviez pas.
Mais j’étois ſoutenue par l’eſpérance,
continua Madame de Valcy, & vous
ne pouvez rien prétendre ſur l’objet de
vos affections ; car je ſuppoſe que vous
le rendiſſiez infidele, m’auriez-vous
cauſé tant de mal ſans chagrin & ſans
regret ? Madame Dumont ſoupira à
cette objection, & avoua que, ſi elle
avoit été ſenſible au mérite du Comte,
elle n’avoit jamais eſperé de s’en faire aimer: loin que cette confidence lui nuisît
dans l’eſprit de Madame de Valcy, elle

s'appliqua à tout ce qui pouvoit détruire un sentiment qui la rendroit malheureuse : elle parvint à lui faire prendre un parti raisonnable, & à ne regarder le Comte de Marsevil qu'avec les yeux de la simple amitié.

Le Comte ne tarda pas à se rendre chez sa mere ; il se rapprochoit de l'objet de ses plus tendres affections, espérant de le voir avec plus de liberté. Il y avoit six mois que sa femme étoit morte, & il songeoit déja à prendre des mesures pour épouser Madame de Valcy, n'ayant besoin que du consentement de sa mere, à laquelle il ne vouloit pas déplaire ; il proposa à Madame de Valcy de se marier à Prémur, sans que sa famille en sçût rien ; elle n'auroit point balancé, sans la crainte que, son mariage étant fait à l'insçu du Roi, il ne nuisît à sa fortune : mais que ne lui auroit-il pas sacrifié. Il la détermina, si-tôt que son deuil seroit

expiré ,

expiré, à confentir à fon bonheur; en attendant il fut décidé que, pour tromper la vigilance de fes parens, il viendroit rarement à Prémur, & qu'elle refteroit au Couvent jufqu'à ce tems. Elle étoit dans l'habitude de fe promener tous les matins dans une avenue affez belle, dont les côtés étoient bordés de grands arbres & d'une double allée garnie de paliffades; Madame de Valcy choififfoit volontiers cette promenade. Etant fortie un matin avec un livre; infenfiblement elle s'éloigna du Château, & vit de loin un homme qui, à mefure qu'il s'avançoit, regardoit à côté de lui : quand il fut à fa portée, il lui demanda fi elle n'étoit point Madame de Valcy ? Lui ayant répondu que oui, il donna un coup de fifflet : il fortit auffi-tôt une chaife d'une pépiniere, & un homme en defcendit, qui lui mit un piftolet auprès de la tête; il lui dit poliment qu'il lui

brûleroit la cervelle au moindre cri ;
la prenant entre ses bras il la porta dans
cette chaise , où l'homme qui lui avoit
parlé le premier , monta avec elle ,
deux autres suivant à cheval.

La frayeur l'avoit saisie à tel point
qu'un domestique de la Ferme passa
devant elle sans qu'elle l'apperçût. Le
postillon ayant eu ordre de s'éloigner ,
il partit avec la plus grande diligence ;
Madame de Valcy n'avoit garde de se
plaindre de cette violence , ayant perdu
tout sentiment. Elle ne reprit ses sens
que sept heures après , fort surprise de
se trouver dans une chambre qui ne
différoit guere de celle du Château de
Prémur , avec un homme de soixante
ans , qui lui baisoit les mains familie-
rement ; elle les retira avec indignation, en lui demandant pourquoi on
l'avoit enlevée & conduite dans cette
maison, & quels étoient ceux qui avoient
entrepris cette action ? On vous l'ap-

prendra, ma belle enfant, reprit cet homme, quand vous ferez un peu remife : raffurez-vous cependant ; on vous traitera avec les égards que vous méritez. Je vous demande, reprit-elle, pour tous égards de me ramener à Prémur. Ne croyez pas, lui dit-il, qu'on vous ait conduite ici fans raifon, & encore moins que l'on vous laiffe en liberté d'en fortir fi-tôt ; mais prenez ce bouillon dont vous avez très-grand befoin : en même tems il le prit des mains d'une efpece de Maître d'Hôtel, & le préfenta à Madame de Valcy, qui dans la crainte que ce ne fût du poifon, le refufa ; l'inconnu s'en étant apperçu en verfa fur la foucoupe & l'avala.

Elle prit le bouillon, & jugeant qu'elle étoit à peu de diftance de Prémur, elle fe promena dans la chambre, regardant par la fenêtre fi elle ne reconnoîtroit pas les environs ; n'appercevant qu'un vafte jardin, & une forêt qu'elle n'avoit pas vûe : Combien, demanda-t-elle , y a t-il d'ici à Prémur ? Vingt lieues , reprit l'inconnu. Ah Dieu ! je suis perdue ; me voilà encore entre les mains de la cruelle Duchesse de S.-Pere. Non , dit-il d'un ton calme , vous n'êtes point chez elle , & vous ne la verrez pas ; elle ignore même que vous êtes ici. Madame de Valcy étoit bien sûre de n'être point à S.-Pere : le Château où elle étoit alors ne paroissoit pas avoir été habité depuis long-tems , par le peu de meubles qu'on y remarquoit & la négligence des jardins : ce qui l'inquiétoit le plus étoit la profonde solitude qui regnoit dans ce lieu , où on n'apperçevoit point de voisinage : ses pleurs , ses cris auroient été inutiles ; prenant son parti avec courage , elle se détermina d'attendre des secours de Dieu , ou du Comte de Marsevil , s'il découvroit sa retraite ; l'homme vis-à-vis duquel elle étoit ne lui inspiroit point de crainte : il avoit une figure noble, l'air libertin & en-treprenant ; mais Madame de Valcy n'avoit pas assez d'expérience pour s'in-quiéter de cet air-là. Son ajustement étoit négligé ; un gros surtout , des guêtres, & aucunes marques de dis-tinction. Loin de deviner ce qu'il pou-voit être, l'ayant pris d'abord pour le Concierge du Château , elle lui de-manda s'il étoit chargé de la garder : elle le voyoit sourire à ces questions : cette conduite avoit lieu de la surpren-dre & de l'impatienter : enfin , poussée à bout : Monsieur, lui dit-elle, prétend-on me tenir long-tems dans cette affreuse solitude ? Je vous conseille , reprit-il , de prendre patience , & de quitter le dessein de vous échapper , ou de faire dire au Comte de Marsevil que vous êtes ici. Vous me paroissez bien assuré, repliqua-t-elle. Je dois l'être , dit l'in-connu ; sçavez-vous bien , ma belle enfant, que le Comte qui vous aime, & que l'on dit vouloir vous épouser, est mon neveu ? Madame de Valcy fut confondue à ce discours, & regardant celui qui le lui tenoit sans sçavoir que répondre, elle vit tout d'un coup les raisons qu'il avoit eues de la faire enlever, & n'apperçut aucuns moyens de se tirer de sa prison.

Cet homme, qu'elle avoit d'abord regardé comme un domestique, étoit le Marquis de Versé, le même que le caractere décidé de Madame de Terville avoit animé pour elle, & qui avoit été son galant : il crut qu'il pouvoit traiter cavalierement la fille d'une personne qu'il avoit eu tant de raisons de mépriser.

Madame de Valcy alla s'asseoir dans un vieux fauteuil à l'extrêmité de la chambre, & se mit à rêver profondément ; le Marquis de Versé se leva, & fut se mettre à côté d'elle sur une

chaife. N'eſt-ce pas que vous m'en vou_
lez bien , lui dit-il , de n'avoir pas ſouf_
fert que l'héritier d'une grande maiſon
fît un mariage déſavantageux , & que
mes petits neveux fuſſent réduits au
ſeul bien de leur mere ? Elle regarda
le Comte fierement. Ce n'eſt donc ,
reprit-elle, que parce que je n'ai pas
ſoixante mille livres de rente à donner
à votre neveu , que je ne lui conviens
pas ? Ce n'eſt point préciſément cette
raiſon , continua le Marquis ; mais la
veuve de Valcy n'eſt pas faite pour épou-
ſer le Comte de Marſevil. Il vaut encore
mieux, dit-elle, qu'un homme de qualité
épouſe une Dlle. veuve d'un homme de
Finance , qu'une fille de Finance qui
n'apporte à ſon mari qu'une fortune
conſidérable à la vérité , mais beaucoup de hauteurs & de travers.

Le Marquis de Verſé avoit été
marié à la fille d'un millionnaire de
la plus baſſe naiſſance ; Madame de

Valcy le sçavoit, & son discours portoit à plomb sur lui ; il en fut étourdi : je vois bien, continua-t-il, que vous voulez donner raison à mon neveu. La meilleure qu'il puisse avoir est dans les graces de votre personne ; mais il faut quitter le dessein de l'épouser ; car le Roi ni sa famille n'y consentiront jamais ; & vous avez trop d'esprit pour ne pas sentir les conséquences d'un mariage contracté sans le consentement du Roi & des parens. Vous pouvez, reprit Madame de Valcy, retarder mon mariage, mais vous ne l'empêcherez pas, à moins que l'on ne me tue ; si ma vie est entre vos mains, vous n'êtes pas le maître de désunir deux personnes que le tems, & les plus grands obstacles n'ont pû séparer ; le Comte de Marsevil découvrira sûrement ma retraite, & il ne sera pas en votre pouvoir de m'y retenir. Vous hâterez plûtôt, par ce procédé, ce mariage que vous appréhendez tant.

Le Marquis de V..... n'avoit pas attendu tant de fermeté ; il s'étoit persuadé qu'il auroit à essuyer des pleurs & des sanglots qu'il appaiseroit par des promesses ou des menaces ; mais il trouva une assurance dans Madame de Valcy qui lui en imposa : il s'étoit encore moins attendu à ce qui lui arriva ; ce fut de prendre la passion la plus forte pour une femme qu'il croyoit subjuguer avec un mot : il se sentit touché d'autant d'amour qu'il croyoit lui donner de chagrin : ce fut un nouveau malheur pour Madame de Valcy, puisqu'il se joignoit un double motif pour la retenir, celui d'empêcher que son neveu ne l'épousât, & celui de la garder.

Pour ne pas donner des soupçons qu'il l'eût enlevée, il jugea à propos de retourner à Paris trois jours après ; on donna à Madame de Valcy deux Paysannes pour la servir, & quatre per-

fonnes chargées de la garder le jour,
& de la renfermer la nuit ; il fut défendu de lui procurer ni plume, ni en-
cre; ni papier ; on lui permit feulement
de fe promener dans le Parc avec fes
furveillans.

Le premier jour , le Marquis lui dit
en foupant qu'elle pouvoit demander
tout ce qui lui feroit plaifir. Ce feroit,
reprit elle, de retourner à Prémur; mais
fi abfolument vous voulez me retenir
ici , je vous ferai obligé de me procurer des Livres. Le Comte lui répondit,
en montrant une efpece de Prêtre qui
s'étoit mis à table : M. le Chapelain ne
vous en laiffera pas manquer ; il vous
tiendra même compagnie , fi vous le ju-
gez à propos. Celui-ci fit au difcours une
inclination de tête , & dit : *Monfeigneur , je ferai tout ce qui dépendra de
moi pour procurer inceffamment & avec
beaucoup de fatisfaction , des chofes ré-
créatives à Mademoifelle ; j'ai dans ma*

chambre plusieurs Livres curieux & uti-
les.

Cet homme parut si singulier à Madame de Valcy, qu'il fit un peu diver-
sion à ses inquiétudes : il avoit surtout
une contenance si empesée, qu'il falloit
être aussi triste pour ne pas éclater ;
elle lui demanda en quoi consistoit sa
bibliotheque. J'ai, dit-il, la Bible, la
Vie des Peres du Desert, le Grand Cy-
rus ; Pharamond, en douze volumes ;
les cérémonies, l'ordre & la marche de
l'entrée de Henri IV à Paris, la roue
de Fortune, faite par un grand homme :
on y découvre ce qui doit arriver,
l'heure & le moment de la mort, si
l'on sera marié, & combien de fois ; le
nombre d'enfans. Le Marquis se mit à
rire de toutes ses forces, & félicita Madame de Valcy sur sa nouvelle société
il lui promit de lui rapporter de Paris
des Livres qui pourroient suppléer à
ceux qui manquoient dans la biblio-

théque du Chapelain. Comme il s'apperçut que ce bon Prêtre n'ennuyoit point fa belle prifonniere, & qu'il avoit intérêt qu'elle ne prît pas de chagrin, il faifoit des queſtions au Chapelain, qui donnoient occaſion à des réponſes auſſi ridicules que gravement & férieuſement prononcées. Vous n'avez donc point encore vû Paris, lui demanda Madame de Valcy ? Pardonnez moi, Mademoiſelle , reprit le Chapelain : ma grand' mere , qui avoit l'honneur d'être femme de-chambre de la Ducheſſe de Verſé, mere de Monſeigneur, me fit faire mes études à Paris , & obtint pour moi une Bourſe au Collége de Montaigu ; enfuite je demeurai au Séminaire : on m'a fait Prêtre, Vicaire, & enfin j'ai l'honneur d'être Chapelain de ce Château , en attendant que Monſeigneur me tienne la parole qu'il m'a donnée de me faire avoir quelqu'autre Bénéfice.

Pendant tout ce difcours le Marquis regardoit Madame de Valcy qui fourioit ; il lui demanda fi le Curé de Prémur prêchoit auffi bien que M. le Chapelain : elle répondit qu'elle n'avoit jamais vû le Curé de Prémur qu'au Chœur, & qu'elle le croyoit fort inférieur en tout à M. l'Abbé, qui dans le moment bûvoit amplement : le Marquis comprit la plaifanterie, & redoubla de belle humeur. Le repas, malgré la pofition de Madame de Valcy, fut fort gai, & ne contribua pas peu dans les premiers momens à l'empêcher de faire de fâcheufes réflexions.

Si l'on pouvoit s'étourdir dans les pofitions fâcheufes, il eft certain que la raifon nous montreroit des reffources que notre accablement nous empêche d'appercevoir : il eft peu de chagrins que le tems n'efface & que la diffipation n'éloigne, fi l'on pouvoit décemment s'y livrer : mais il eft des peines où il eſt de la bienſéance de paroître triſte.

Quoique Madame de Valcy eût été enlevée par des gens inconnus , elle voyoit de l'impoſſibilité qu'on ignorât long-tems le lieu où elle étoit. Cette penſée calma un peu ſon eſprit ; elle eſpéroit que de gré ou de force ſes parens & ſes amis la tireroient des mains de ſon raviſſeur ; tout ce qui l'inquiétoit le plus étoit le Comte de Marſevil : dans la douleur de ſon enlevement , elle deſiroit que M. de Tarol , qui étoit parti pour l'Auvergne , l'ignorât.

Le premier jour elle fut conduite par le Marquis dans la chambre la plus commode du Château , où on la renferma avec ſes deux ſuivantes , qui s'aſſirent ſans façon pendant ſa toilette ; l'une coucha dans ſa chambre , & l'autre s'établit dans une tourelle , qui devoit ſervir de garde-robe ; toutes les précautions que l'on prenoit lui annonçoient les difficultés qu'elle auroit à ſurmonter pour donner de ſes nouvelles ou pour ſe ſauver ; le Chapelain cependant lui parut homme à être tenté par des eſpérances , & elle s'endormit perſuadée qu'il ne lui ſeroit pas difficile de ſe l'acquérir.

Le lendemain de bon matin , les deux filles de ſervice ſe leverent avec grand bruit & l'éveillerent ; elle leur demanda s'il lui ſeroit permis de dormir : Ah mon Dieu ! répondit l'une , juſqu'à neuf heures , ſi vous voulez ; Monſeigneur nous a bien dit de ne point vous réveiller , & de vous donner tout ce qui vous conviendroit : bon jour Mademoiſelle , je ſuis votre ſervante : nous allons à l'ouvrage : il y a une clochette à votre chevet que vous ſonnerez , quand vous voudrez que l'on vous apporte à déjeûner. Madame de Valcy la remercia , prit patience , & ſe rendormit d'un ſi bon ſommeil qu'il étoit dix heures lorſqu'elle ſe réveilla ;

en fe levant, elle regarda par les fenêtres s'il étoit poffible de s'échapper ; mais elle vit qu'il étoit inutile d'y penfer : fa chambre donnoit fur un foffé large & profond ; d'ailleurs la façon dont on la traitoit, ne l'obligeoit point à rifquer fa vie pour fe tirer de l'efpece d'efcla-vage dans lequel on la retenoit.

Elle fonna : la même fille parut avec un garçon qui portoit dans une cor-beille un ample déjeûner : elle ne de-manda que du lait , en difant que ce feroit la feule chofe qu'elle prendroit le matin. Le Marquis avoit eu l'atten-tion de faire mettre dans fa chambre tout ce dont elle pouvoit avoir befoin ; ainfi rien ne lui manqua pendant qu'elle fut dans le Château : le Chapelain vint faire fa vifite, & entra d'un air embar-raffé , en lui demandant pardon de ce qu'il l'importunoit : je viens , continua-t-il, vous préfenter quelques Livres , en attendant que Monfeigneur vous en apporte de Paris. Je suis fort sensible à votre attention , reprit Madame de Valcy , & je chercherai les occasions de vous en marquer ma reconnoissance. Cela ne vaut pas la peine , continua le Chapelain qui , voyant qu'elle alloit faire sa toilette , fit une révérence fort profonde , & se retira.

Il ne se passa rien d'extraordinaire pendant trois jours que le Marquis resta à Versé : mais le quatriéme, le Chapelain entra dans la chambre de Madame de Valcy pendant qu'elle déjeûnoit : je viens , lui dit-il , vous prier de me permettre de vous tenir compagnie à dîner ; Monseigneur est parti ce matin pour Paris , & il m'a chargé de vous faire les honneurs du Château en son absence , qui ne sera pas bien longue. M. le Chapelain , reprit Madame de Valcy , vous me ferez beaucoup de plaisir ; j'aime les personnes de mérite , & je suis toujours fâchée de manget seule ; vous me faites infiniment d'honneur, continua le Chapelain, & je tâcherai de mon mieux de vous défennuyer : Madame de Valcy avoit ses raisons de faire des amitiés à ce bon Prêtre ; elle ne put cependant lui rien dire de particulier pendant tout le dîner, qui fut très délicat ; le Marquis avoit amené un excellent Cuisinier, & donné ordre de faire la plus grande chere à Madame de Valcy.

Elle attendit avec une grande impatience que les domestiques fussent retirés pour parler au Chapelain plus confidemment ; mais la maudite créature qui lui servoit de femme-de-chambre, resta au dessert jusqu'à ce que sa camarade la remplaça : Madame de Valcy demanda s'il ne lui feroit pas permis de se promener ; Monseigneur, reprit le Chapelain, n'a rien dit à ce sujet ; vous trouverez bon d'attendre son retour pour lui demander cette grace. Un homme qu'elle n'avoit point encore remarqué vint remplacer les deux filles ; le Chapelain lui demanda s'il n'y avoit pas d'inconvénient de faire prendre l'air à Mademoiselle ? Je ne crois pas , repliqua cet homme d'un ton brusque , & Madame peut descendre.

Elle crut être en liberté de tenter le Chapelain par des promesses ; mais l'homme en question les suivit & ne s'éloigna pas assez pour qu'elle osât rien hasarder ; elle lui dit poliment qu'il ne se donnât pas la peine de les suivre , qu'elle n'avoit point envie de s'enfuir ni de lui faire du chagrin. Non, non , repliqua-t-il , je ne dois point vous quitter qu'il n'y en ait un autre ; & c'est à moi à vous montrer ce qu'il y a de beau dans ces Jardins....M. le Chapelain se chargera volontiers de ce soin.....Qu'il soit avec vous ou qu'il n'y soit pas , reprit le Concierge , cela m'est égal : mais j'ai ordre de ne pas vous quitter ni jour ni nuit , & je ne défobéïrai point à Monfeigneur. Madame de Valcy vit qu'il falloit prendre fon parti d'attendre une occafion favorable pour entretenir le Chapelain en liberté.

Le Concierge ne les quitta que quand ils furent rentrés dans le Château ; la fille de baffe cour vint tenir fa place : s'étant affife fans façon dans un fauteuil , écoutant de toutes fes oreilles la converfation , Madame de Valcy fut choquée de la groffiereté de cette fervante , & lui dit de fe mettre à l'extré. mité de la falle ; il falloit vous choifir autrement , fi l'on vouloit que vous fuffiez de la fociété. Comment me falloit-il donc , repliqua cette fille ? Sçavez-vous bien que je fuis la niéce de M. le Bailly , & que mon oncle a une Charge à la Cour. Je crois que vous êtes, ma chere enfant, tout ce que vous paroiffez , reprit Madame de Valcy ; mais vous m'obligerez de vous retirer ;

je prends fur moi de vous excufer auprès de M. de Verfé , & comme je ne
veux pas que vous ayez pour moi des
complaifances en vain ; voilà dequoi
vous réjouir : en même tems elle lui
fit un petit préfent, que cette fille prit ,
en difant : pour vous montrer , Madame , que je ne fuis pas fi fâcheufe que
vous avez cru , je m'en vais vous laiffer , aux conditions que vous direz à
Monfeigneur que c'eft par votre ordre :
elle fortit enfuite & ferma la porte à
double tour.

Madame de Valcy profita des momens de liberté , loua le Chapelain , le
plaignit de ce qu'il reftoit dans un état
obfcur , enterré dans un vieux Château , fans efpérance d'être jamais
mieux , à moins de quelque occafion
favorable; par exemple , continua-t-elle,
j'en connois une qui ne peut être plus
heureufe : le Chapelain l'interrompit ,
pour lui dire que le Marquis de Verfé

lui avoit promis depuis long-tems un Bénéfice. Il vous amuse, reprit Madame de Valcy, & je vous conseille de vous faire quelques amis qui pensent à votre fortune ; par exemple, M. de Versé a un neveu, dont sans doute vous avez entendu parler, qui, je suis assurée, vous donneroit une bonne Cure ou quelqu'autre Bénéfice à sa nomination. Je ne puis pas avoir l'honneur d'être Curé dans une Ville, parce que je n'ai point de Grades ; mais j'en puis posséder une de Village, avoir une Chapelle, un Prieuré, même un Canonicat ; mais hélas ! je n'aurai jamais ce bonheur.

Madame de Valcy voulant profiter de l'attendrissement où le bon Chapelain paroissoit être sur son fort, lui dit qu'elle sçavoit un excellent moyen de lui procurer un Bénéfice ; ce seroit, continua-t'elle, de rendre service à M. le Comte de Marsevil, en lui donnant de mes nouvelles. Quoi! repliqua t-il d'un air interdit, vous voulez que je trahisse la confiance de Monseigneur & de Madame la Duchesse de S.-Pere. Ce seroit manquer trop essentiellement à la Religion & à la reconnoissance. Madame de Valcy fut fort étonnée de trouver des principes d'honneur dans un homme qu'elle avoit pris d'abord pour un imbécile: elle voulut lui persuader qu'il ne blessoit en rien sa conscience, en procurant la liberté à une femme enlevée à ses parens, & lui montrer que l'action du Marquis de Versé étoit une violence punissable, si le Gouvernement en avoit connoissance. Je ne dois point, repliqua le Chapelain, entrer dans les raisons qui ont engagé Monseigneur à vous enlever; je dois seulement lui obéir dans tout ce qu'il me commande.

Madame de Valcy vit bien que le Chapelain s'étoit fait une conscience à l'épreuve de l'humanité & de la compassion ; & pour ne point blesser ce qu'il appelloit la Religion & la reconnoissance, il ne se détermineroit par aucuns motifs à servir la vertu persécutée ; ainsi, changeant de batterie, elle lui demanda seulement dequoi écrire à une amie au Couvent de B... & lui proposa de lui lire la lettre. Ceci est plus faisable, reprit il, & je consulterai Monseigneur, qui, sans doute, ne désapprouvera point cette démarche : je ne prendrois pas tant de précautions, répliqua Madame de Valcy, s'il souffroit que j'écrivisse le lieu où il me retient. Je suis bien mortifié, reprit le Chapelain, de ne pouvoir vous rendre service ; mais pour rien au monde je ne trahirois pas la confiance de Monseigneur. Je souhaite qu'il vous récompense de votre fidélité, continua Madame de Valcy, & voyant qu'il ne lui étoit bon à rien, elle changea de conversation,

verſation , ſe mit à table pour ſouper , & le congédia de bonne heure pour ſe retirer dans ſa chambre.

Il eſt tems de revenir à Prémur. Le garçon qui avoit vû enlever Madame de Valcy , courut au Château en avertir Madame de Vaury , qui fit auſſi-tôt monter à cheval tous les domeſtiques , qui ſe diſperſerent par différens chemins ; ils apprirent qu'une chaiſe de Poſte , ſuivie de pluſieurs gens à cheval, avoit pris la route d'Amiens. Comme M. de Verſé avoit fait une grande diligence , on ne put l'atteindre ; ainſi les domeſtiques revinrent , à l'exception d'un ſeul , qui , plus zelé que les au-tres , ſuivit les traces de la chaiſe , & apprit qu'elle étoit arrivée à Verſé. Il ne put revenir que le lendemain rendre compte de ſa découverte.

Madame de Vaury avoit envoyé à Paris un exprès , pour avertir le Comte de Marſevil de l'enlevement de Madame de Valcy : sa fureur à cette nouvelle ne lui permit pas de prendre des précautions ; il vint en diligence à Prémur. Le rapport du domestique l'étonna : son oncle n'avoit jamais eu part aux intrigues de la Duchesse ; il eut peine à se persuader qu'il se fût prêté à une violence de cette espece ; cette incertitude lui fit perdre un tems précieux : accusant encore sa belle-mere, il alla à S.-Pere, où il ne trouva que quelques domestiques, qui lui dirent que la Duchesse étoit à Paris, & qu'ils n'avoient vû personne de sa part : il revenoit à Prémur au désespoir, lorsqu'il rencontra son oncle, qui retournoit à Versé. Il se présenta à la portiere de sa chaise ; & sans le soupçonner d'avoir causé son chagrin, il se plaignit à lui de l'enlevement de Madame de Valcy, en accusant la Duchesse. Le Comte de Versé marqua de la surprise, le plaignit, le consola,

& lui dit, que l'on ne pouvoit avoir conduit cette Dame qu'en Normandie, dans une terre de la Duchesse ; qu'il ne voyoit que cette retraite en état de la cacher quelque tems.

Le Comte de Marsevil fut la dupe de la sécurité & de la supercherie de son oncle ; je vous conseille, ajoûta-t-il, de tourner vos recherches de ce côté-là, & de venir, en attendant, passer quelques jours avec moi : je vais ordonner une coupe de bois, & nous chasserons. Le moyen de soupçonner de fausseté un homme qui a toutes les apparences de la bonne foi : le Comte de Versé sçavoit bien qu'il n'accepteroit pas la partie qu'il lui proposoit, & qu'il étoit trop empressé de s'éclaircir de la route qu'on avoit fait prendre à Madame de Valcy.

Le Comte de Marsevil retourna à Prémur dans la consternation : il étoit d'avis de ne rien ménager, d'avertir

M. de Tarol de l'enlevement de sa fille, & de se plaindre au Roi, de concert avec lui, d'une action si violente & si noire; mais il avoit essuyé une si grande fatigue, qu'il se trouva fort incommodé en arrivant; une fiévre assez considérable le prit la même nuit; Madame de Vaury envoya chercher un Médecin, qui, voulant faire le mal plus grand qu'il n'étoit, augmenta l'inquiétude de cette Dame, au point qu'elle fit partir le Valet-de-chambre du Comte pour aller à Marsevil avertir la Marquise que son fils étoit à Prémur, dangereusement malade.

Cette tendre mere n'avoit aucune part au dernier chagrin de son fils: depuis qu'il étoit veuf elle avoit eu assez de prudence pour ne lui point parler de Madame de Valcy : elle ignoroit qu'elle eût été enlevée, & voyant une signature qu'elle ne connoissoit pas, elle questionna l'Exprès, qui répondit

naïvement que Madame de Valcy n'é-
toit point à Prémur , & qu'on ignoroit
ce qu'elle étoit devenue : la Marquise
partit aussi-tôt, & arriva à Prémur dans
une mortelle inquiétude.

La situation où étoit son fils la cons-
terna : il lui raconta son nouveau chagrin : elle se crut obligée à réparer ceux
auxquels elle avoit été forcée de se prêter pour complaire à la Duchesse ;
dans la crainte qu'il n'épousât Mademoiselle de Terville , elle lui promit
obligeamment qu'elle emploieroit son
crédit pour lui faire recouvrer une personne qu'il aimoit avec tant de constance. Il fut si sensible aux attentions
de sa mere , qu'il prit une de ses mains,
& la baisa avec tendresse : j'espérois
tout de vos bontés & de votre amitié ,
lui dit-il. Ayant sçu les obligations
qu'il avoit à Madame de Vaury , elle
la combla de caresses & de remerciemens , la priant de continuer ses soins

pour son fils ; Madame Dumont ayant appris que la Marquise étoit au Château, y vint aussi, & aida Madame de Vaury à en faire les honneurs. La maladie du Comte avoit beaucoup de part à cette visite.

Il se trouva mieux au bout de quelques jours, & pressa sa mere de retourner à Paris, pour agir conformément à ses promesses : elle partit dans le dessein de faire les démarches nécessaires pour apprendre des nouvelles de Madame de Valcy : elle ne doutoit pas que la Duchesse n'eût encore part à cet incident. M. de Tarol, à qui on avoit écrit l'enlevement de Madame de Valcy, revint, & trouva le Comte à Prémur hors de tout danger ; mais déterminé, malgré sa foiblesse, à courir partout où il croiroit avoir des éclaircissemens sur la retraite d'une femme si chere : une lettre de Madame de Marsevil leur fit changer de dessein : elle leur marquoit qu'il falloit se défier du Marquis de Versé ; qu'elle étoit bien trompée s'il n'étoit coupable de l'enlevement de Madame de Valcy ; elle ajoûtoit que la Duchesse avoit protesté qu'elle n'y avoit aucune part, & qu'elle paroissoit être dans la bonne foi.

Pendant que tout le monde étoit dans le chagrin à Prémur , Madame de Valcy essayoit tous les moyens de séduire le Chapelain, & les filles qu'on lui avoit données pour la servir : désespérant de réussir par la voie de la persuasion ou par le secours du Comte de Marsevil, elle tenta les promesses les plus séduisantes vis-à-vis du Chapelain & des filles, & fit encore de vains efforts pour se procurer de quoi écrire. Le Marquis étant revenu , elle désespéra un peu. Il ne fut pas plutôt arrivé, qu'il vint dans la chambre de Madame de Valcy. Quand il lui eut demandé des nouvelles de sa santé , elle lui répondit qu'elle ne pouvoit se bien porter dans un endroit où elle ne pouvoit ni prendre l'air ni se promener. Que prétendez vous, ajoûta-t-elle, en me retenant dans une captivité affreuse? On vous l'apprendra dans quelques mois, reprit le Comte ironiquement. Monsieur, continua Madame de Valcy, vous jouez plus gros jeu que vous ne pensez : songez que mon pere est un homme de cœur, qui ne souffrira pas une pareille action. Que dites-vous, mon Ange ? repliqua M. de Versé : je sçais votre histoire, ou plutôt celle de votre mere. On ne vous a conté, reprit Madame de Valcy, que ce qui pouvoit être à mon désavantage ; mais sçachez que l'homme que vous semblez si fort négliger, est peut-être dans le cas de se venger de vos procédés & de ceux de la Duchesse de S.-Pere.... Vous parlez un peu haut, & vos menaces n'ont rien qui m'effraient. Songez plutôt à vous foumettre de bonne grace à ce qu'on exige de vous. . . . Et qu'exige-t'on ?. .. Que vous renonciez au Comte de Marfevil, en époufant un Gentilhomme, à qui l'on donnera, en faveur de ce mariage, une place convenable dans une Province éloignée ; car je ne fouffrirai jamais que l'époux de ma niéce le foit d'une fille dont la mere s'étoit déshonorée par fa mauvaife conduite. C'en eft trop, interrompit Madame de Valcy ; vous abufez indignement du pouvoir que vous avez ici , & vous n'oferiez tenir un pareil langage devant M. de Terville. J'ai bien mauvaife opinion d'un homme qui bleffe en même tems le droit des gens & les égards qu'on doit à mon fexe , perfuadé qu'ou n'en peut tirer aucune vengeance.

Le Comte de Verfé s'étoit attendu à des larmes, peut-être à des baffeffes ; la fermeté de Madame de Valcy l'étonna ; il voulut rejetter ce qu'il lui avoit dit fur les menaces qu’elle lui avoit faites ; mais elle ne l’écouta point, & lui fignifia qu’elle ne quitteroit pas fa chambre, attendant avec réfignation la fin de fon fupplice, puifqu’il n’avoit pas affez d’humanité pour adoucir, au moins par de bonnes manieres, un féjour qu’elle trouvoit affreux. Il ne tiendra qu’à vous, reprit le Marquis, que vous y viviez heureufe. Sans paroître l’écouter, Madame de Valcy continua ainfi : on me rend refponfable de la conduite d’un homme ; on m’enleve de force, pour contraindre mes inclinations ; on me conduit dans un vieux château où je fuis traitée en criminelle d’Etat ; & tout le mal qu’on me fait, c’eft pour avoir infpiré de l’amour à un homme qui m’eftime affez pour vouloir être mon époux : voilà pourtant mes torts ; voyez à préfent, Monfieur, vos procédés.

Le Marquis ne fçavoit que répondre ;

il chercha à appaiſer Madame de Valcy, en ſe ſervant de moyens qui ne
pouvoient que l'indigner davantage ;
laiſſez-moi, lui dit-elle, au moins ſeule
ici ; de tous les ennuis que je ſouffre,
votre préſence eſt le plus inſupportable ;
ne vous efforcez pas à me prouver que
votre neveu, en m'épouſant, feroit une
ſottiſe ; car il la fera, ſi vous ne me faites pas mourir ici. Ce dernier trait dé-
concerta M. de Verſé, au point qu'il
reſta ſans répondre ; mais revenu de ſa
ſurpriſe : Quoi ! dit-il, vous me ſoup-
çonneriez d'une pareille horreur ? Non,
Madame, vous n'avez rien à craindre,
qu'une gêne qui m'a paru néceſſaire
pour ſauver à M. de Marſevil une action très-équivoque ; je ne m'y intéreſſe
que par rapport à ſes enfans. Que m'im-
porteroient ſes ſottiſes, s'il n'avoit pas
épouſé ma niéce : ſi vous étiez inſ-
truite des dérégle mens de votre mere,
& de l'éclat qu'elle a fait, je ſuis aſſuré

que, bien loin de me condamner, vous penseriez comme moi, si vous avez autant de cœur que vous paroissez en avoir. Madame de Valcy mouroit d'impatience. Elle n'avoit pas beaucoup de choses à répondre aux dernieres raisons du Marquis ; un domestique étant venu annoncer qu'on avoit servi, cette conversation finit.

Ils passerent dans la salle, où ils trouverent le Chapelain, qui vint faire de profondes révérences au Marquis, qui pendant tout le souper ne cessa de regarder Madame de Valcy ; elle n'avoit garde de s'attendre à la conduite qu'il tint avec elle : il lui donna la main après le souper pour passer dans sa chambre, où le Chapelain n'osa le suivre.

En vous considérant, lui dit-il, je sentois que mon neveu avoit raison de vous trouver charmante. Si vous pensiez, répliqua-t-elle, comme M. de Marsevil, vous ne tarderiez pas de me mettre en liberté , & vous n'auriez pas tenu des discours aussi injustes que déplacés ; mais il est tard, vous m'obligerez de vous retirer dans votre appartement. Le Marquis prit un air rêveur : je vous prie de m'entendre encore un moment, & de me pardonner l'extrême inquiétude qui m'a forcé à vous tenir des propos qui vous ont déplu. Si vous voulez, Monsieur ; que je les oublie, faites-moi conduire à Prémur, où mon absence a jetté tout le monde dans la désolation. Je n'en suis pas tout-à-fait le maître : j'ai promis que je vous garderois ici jusqu'au départ de mon neveu , qui est nommé à l'Ambassade d'Espagne. Madame de Valcy ne s'attendoit point à ce coup ; elle en fut accablée : c'est encore, s'écria-t-elle, un nouvel expédient de la Duchesse de S. Pere pour éloigner de moi M. de Marsevil ; mais qu'elle ne se flatte pas de nous séparer encore : s'il part, j'irai le joindre ; rien ne s'oppoſant plus à cette démarche , je la ferai pour couper court à cette horrible perſécution.

Il étoit vrai que la Ducheſſe avoit ſollicité pour ſon gendre une Ambaſſade , & l'auroit obtenue s'il l'eût ſecondée ; mais bien loin de ſe prêter à ce deſſein , il déclara qu'il ne vouloit point d'emploi qui l'obligeât à quitter la France , & le Miniſtre n'en parla plus.

Cependant Madame de Valcy n'étoit pas ſi tranquille qu'elle s'efforçoit de le paroître. Quand le Marquis l'eut quittée , elle ſe livra à la plus amere douleur ; elle s'étoit apperçue , aux regards du Marquis , qu'il étoit amoureux d'elle ; cette circonſtance devenoit très-fâcheuſe dans la poſition où elle ſe trouvoit , puiſqu'il avoit alors une double raiſon de la retenir ; ſes craintes augmenterent : le lendemain le Marquis entra de bonne heure dans ſa chambre, elle n'étoit pas encore levée ; cette liberté la furprit ; il s'affit auprès de fon lit, en lui faifant les complimens or- dinaires. Vous comptez donc, lui de- manda-t-il, fur la conftance de M. de Marfevil? ....Vous fçavez fi je dois faire fond fur fes fentimens après une fi lon- gue épreuve.... En effet, il faut que vous ayez des charmes bien raviffans pour qu'il ait réfifté à fon âge à une longue poffeffion ; car nous autres gens du grand monde, nous fçavons affez comme l'on fe conduit : d'un côté, une jeune per- fonne aimable avec de la tendreffe ; de l'autre, un homme de qualité bien fait, féduifant, amoureux : on pardonne à moins de petites foibleffes, &, en vé- rité, je ne vous en eftimerois pas moins, pour avoir eu un tendre com- merce avec mon neveu ; car la vertu n'eft qu'un mot qui n'eft prefque plus d'ufage.

Madame de Valcy n'avoit garde de lui répondre ; le difcours du Marquis

& ſes ſoupçons lui avoient donné un ſi violent chagrin & un ſaiſiſſement ſi grand , qu'elle fut plus d'un quart-d'heure ſans pouvoir prononcer une parole. M. de Verſé, ſurpris de ſon ſilence, lui prit la main, qu'il baiſa, ſans qu'elle eût la force de la retirer ; enhardi par ſa douceur, il voulut continuer ſes careſſes ; mais s'apperçevant que Madame de Valcy avoit le viſage baigné de ſes larmes. Quoi ! vous pleurez ! Pourquoi êtes-vous fâchée de ce que je penſe ? Je ne vous dis rien qui ne ſoit très-naturel ; la Ducheſſe qui vous paroît ſi prude , a été dans ſa jeuneſſe plus d'une fois dans le cas où vous êtes. Madame de Valcy , à ce dernier trait , ſortit des bornes de ſa douceur ordinaire , & ne gardant aucunes meſures avec lui, elle lui reprocha avec indignation ſes mauvaiſes mœurs, d'où partoient néceſſairement les diſcours qu'il tenoit : j'ignore , ajoûta-t-elle , comme l'on vit à la Cour, ni quelles font les maximes des perfonnes que vous fréquentez; mais fi elles reffemblent aux vôtres, je ne puis avoir pour elles que le plus profond mépris; j'aime votre neveu & j'en fuis aimée; mais s'il eût fallu renoncer à cette vertu, dont vous femblez faire fi peu de cas, je n'euffe jamais perfiflé dans mon eftime pour lui, & je ne regarderois pas ce Château comme une affreufe prifon.

Le ton de la vertu en impofe, même à ceux qui y croient le moins : il y avoit tant de vérité, tant de véritable grandeur dans le ton & les expreffions de Madame de Valcy, que le Marquis vit bien qu'il s'étoit très-mal conduit avec elle : il effaya encore de fe juftifier fur la conduite générale des femmes de condition, & furtout de celles qui étoient affez belles pour infpirer des paffions violentes ; rien ne put l'appaifer : elle le pria de fe retirer, & refusa de descendre pour dîner, priant qu'on lui apportât dans sa chambre ce dont elle avoit besoin, ordonnant impérieusement aux filles qui la servoient de ne point laisser entrer M. de Versé qui se soucia assez peu de ses ordres, car il vint après-dîner lui demander raison de sa conduite. Vous me haïssez donc, lui dit-il ?...Ce sentiment ne peut être dans mon ame, mais je vous avouerai que mes desirs les plus ardens, sont de n'être point obligée à vous voir. Vous êtes bien vengée, lui répliqua le Marquis, par l'amour que vous m'avez inspiré, & qui va sans doute faire le tourment de ma vie ; mais au moins je vous garderai ici jusqu'à ce que vous me traitiez avec plus de douceur & de bonté.

Singuliere méthode de plaire à une femme en la tourmentant ! le Marquis de Versé aimoit les femmes extraordinaires ; on l'a dû voir dans la seconde

Partie de ces Mémoires. Madame de Valcy ne vit pas de plus court chemin pour fortir de ce maudit château, que de le traiter moins rigoureufement ; elle étoit loin de s'abbaiffer à feindre des fentimens qu'elle n'avoit pas, mais même de lui pardonner fes injures ; plaifant moyen, dit-elle, de féduire une femme en devenant fon Tyran ! il ne tient qu'à vous, reprit le Marquis, que je fois votre ami ; renoncez à M. de Marfevil, je vous rends la liberté : promettez-moi que vous fouffrirez les marques de ma paffion & je vous ramenerai moi-même à Prémur ; car ne vous flattez point de fortir d'ici que de mon aveu. Votre oncle fçait que vous y êtes : les plaintes, les murmures n'y feroient rien que de vous faire refferrer davantage. Mon oncle n'a plus aucune autorité fur moi ; il en a trop abufé, & mon pere n'ignore rien de fes procédés ; il eft fans doute l'heure où il emploie fon crédit pour vous faire repentir de la violence que vous exercez contre moi.

Ce que j'ai cru devoir à l'inquiétude de ma sœur & à l'intérêt de mes petits neveux, je le fais à présent pour ma propre satisfaction, continua le Marquis. A mesure que je vous connois mieux & que je prends de la passion pour vous, je ne vois pas sans envie le bonheur de mon neveu ; je ne sçais même où m'entraîneroit une pareille félicité, & soyez persuadée qu'il n'entre pour rien dans la résistance que je fais à présent de vous rendre à votre famille. Le Marquis s'étoit jetté aux genoux de Madame de Valcy, & attendit, en soupirant, sa réponse : levez-vous Monsieur, lui dit-elle, je n'ai rien à vous dire, tant que vous resterez dans cette situation ; je ne dois ni ne veux vous y souffrir. Il se leva : je dois donc regarder, continua-t-elle, les sentimens que je vous ai inspirés comme le découvroit où étoit sa niéce : l'Abbé ne trouva pas de plus sûr moyen d'échapper aux fureurs du Comte, que de partir pour un bénéfice qu'il avoit obtenu en Champagne. Tout étoit dans la plus grande confusion dans la famille de Madame de Valcy , & tout y seroit demeuré long-tems sans des événemens assez singuliers.

M. de Marsevil ayant quelques soupçons sur son oncle , lui rendoit des visites. Craignant enfin que cet amant ne découvrît ce qu'il avoit tant d'intérêt de cacher , il se détermina de faire changer de lieu à Madame de Valcy. Le château de Versé étoit situé dans le milieu d'un Parc immense , joignant à des Fermes fort éloignées : cette position l'avoit déterminé à choisir ce lieu pour y renfermer Madame de Valcy ; mais son neveu l'obligea à changer tout-à-coup ses résolutions. Il avoit menacé les seuls domestiques qui étoient dans

vous ne voulez le faire croire ; la diftance n'eft pas fi grande que vous le
penfez de vous à moi. Il n'eft pas queftion entre nous de généalogie , répliqua
M. de Verfé en fouriant ; votre état
chez la Ducheffe de S.-Pere & votre
mariage avec Valcy vous éloignent un
peu , quand votre naiffance feroit convenable. Je n'ai à rougir ni de l'un ni
de l'autre , reprit Madame de Valcy :
mon état chez la Ducheffe étoit celui
d'une Demoifelle , pauvre à la vérité,
mais honnête : M. de Valcy étoit né
dans la Finance ; mais fi l'on vouloit
rechercher dans les plus grandes maifons , on trouveroit des alliances moins
honorables : il étoit Capitaine de Ca-
valerie , & fa fœur eft mariée à un Pré-
fident d'une des meilleures familles de
robe.

Le Marquis écoutoit avec la plus
férieufe attention ce que Madame de
Valcy lui difoit. On m'a trompé , con-

tinua-t-il ; mais je m'éclaircirai fur tous ces points , & je vous promets de punir ceux qui m'en ont impofé : il effaya pendant plufieurs jours de plaire par les voies les plus féduifantes ; il mena_ ça , pleura , gémit ; mais rien ne lui valut de la part de Madame de Valcy la moindre faveur : une femme moins fincere eût profité des difpofitions où il étoit pour fe procurer la liberté ; mais elle ne voulut rien promettre , & aima mieux attendre & fupporter la perfécution du Marquis de Verfé, que de donner la moindre atteinte à fa droiture. Elle regardoit la rufe comme indigne d'elle : laiffons-la en bute à fes triftes réflexions & aux attaques très-empreffées du Marquis, & retournons à Prémur.

M. de Tarol faifoit les pourfuites les plus vives pour retrouver Madame de Valcy ; le Miniftre alla fur-le-champ à la fource ; il envoya prier la Ducheffe

de venir lui rendre compte d'un événement dont elle devoit avoir connoiffance : elle protefta qu'elle n'avoit aucune part à l'enlevement de Madame
de Valcy , & qu'elle ignoroit où elle
étoit. Comme le Marquis de Verfé
n'avoit jamais paru dans les intrigues
précédentes , il ne fut nullement queftion de lui. Le Comte de Marfevil faifoit de fon côté les plus grandes per-
quifitions. Il avoit été en Normandie
dans toutes les terres de la Duchefle :
il ne rapporta de fon voyage que le
regret d'avoir perdu un tems précieux
qu'il eût pû employer plus utilement :
il ne cefloit de s'informer & d'aller de
Paris à Prémur , & de Prémur à Paris.
Le Magiftrat avoit envoyé des efpions
à différens endroits , qui entretenoient
les domeftiques de la Duchefle , & n'en
pouvoient tirer aucuns éclairciffemens.
M. de Marfevil faifoit pitié , il menaça
l'Abbé de Ligny de le tuer , s'il ne

découvroit

plus grand malheur qui pouvoit m'arriver, puisqu'ils sont cause que vous me gardez ici : je ne puis disposer de mon cœur, vous le sçavez : & , quand il seroit libre , comment pourrois-je aimer un homme qui m'a enlevée , injuriée , soupçonnée d'un commerce indécent ?. . . . Non , Monsieur , perdez toute espérance ; je resterai chez vous peut-être encore quelque tems ; mais aucune circonstance ne peut me faire supporter ce séjour patiemment que votre absence ; & craignez les suites de votre violence.

Je ne suis pas dans l'habitude de trembler , dit d'un ton ferme M. de Versé, & encore moins des menaces d'une femme. Vos mépris pour mes parens ne signifient rien , reprit Madame de Valcy , & quelque reproche que vous puissiez faire à ma mere , je ne suis pas moins dans le cas de vous attirer des affaires plus fâcheuses que le secret, de les punir séverement s'ils découvroient le mystere ; ainsi ils n'o- soient rien dire aux paysans ni aux au- tres domestiques ; mais Madame de Valcy aidoit elle-même, par sa vie sé- dentaire, à se cacher à presque tous les yeux : cependant, comme elle se promenoit quelquefois, elle remarqua la fille du Jardinier, dont la physiono- mie lui plut extrêmement: ne pouvant lui parler, parce qu'elle étoit toujours accompagnée, elle imagina un expé- dient qui lui réussit ; ce fut de paroître desirer des fleurs dans son appartement. Le Marquis aussi-tôt ordonna qu'on lui en apportât tous les matins, & la pe- tite Jardiniere fut chargée de ce soin ; cette fille, encouragée par les petits pré- sens de Madame de Valcy & par ses questions, osa lui demander le sujet de sa tristesse : vingt fois elle lui auroit répondu, sans les personnes qui l'en- touroient & qui veilloient de près sur

ſes démarches. Cette fille comprit aux
ſignes & aux diſcours de Madame de
Valcy qu'elle avoit beſoin de ſes ſer-
vices , & chercha les moyens de lui
parler ſans témoins. Le Marquis avoit
refuſé cette fille à Madame de Valcy ;
il défendit même qu'elle vînt hors les
momens où elle apporteroit des fleurs.

Le Comte de Marſevil ayant fait
part de ſes idées à M. de Tarol , ils
partirent enſemble pour ſe rendre à
Verſé , dans le deſſein de ſurprendre
le Marquis , & peut être de découvrir
les raiſons qui le retenoient dans un lieu
ſi deſert : ils arriverent un peu avant la
nuit , afin d'avoir un prétexte pour y
ſouper & coucher. Ce fut aſſurément
une choſe bien biſarre que cette viſite.
On vint dire au Marquis, tout bas , l'arrivée de ſon neveu. Seul pour lors avec
Madame de Valcy , qui n'étoit point
ſortie ce jour-là de ſa chambre , & qui
n'avoit garde de ſoupçonner que les

personnes qui lui étoient les plus che-
res fuſſent ſi près d'elle, le Marquis la
quitta fort inquiet, en lui diſant qu'il
étoit au déſeſpoir d'être obligé de ſouper avec des gens d'affaires, qui n'é-
toient venus que pour de certains arrangemens, qui le priveroient de lui tenir compagnie, & qu'il la prioit de trouver bon que le Chapelain vînt à ſa place.

Le Marquis fut bien ſurpris de trouver avec ſon neveu un Officier de bonne mine, qu'il jugea être venu à quelque deſſein. Le Comte le lui préſenta
comme le pere de Madame de Valcy;
à ce nom il ſe crut découvert, & ſe
prépara à ſe battre en déſeſperé, plutôt que de convenir qu'elle fût chez
lui : il avoit tort de craindre, car tout
ſe paſſa dans la plus grande tranquillité. M. de Marſevil dit à ſon oncle
qu'il n'avoit pas voulu paſſer ſi près
de Verſé ſans lui préſenter M. de Ta-
col, Seigneur de Prémur, qu'il poſſédoit

depuis les arrangemens qu'il avoit pris avec ſes beaux-freres ; qu'une partie de cette terre relevant de lui , il venoit dans le deſſein de prendre des arrangemens pour les droits qui lui étoient dûs. Le Marquis reçut ſes propoſitions galamment ; l'on ſe mit à table ; l'on parla beaucoup de l'enlevement de Madame de Valcy ; le Marquis plaignit M. de Tarol d'être privé d'une fille ſi aimable : il répondit qu'il avoit fait toutes les perquiſitions imaginables pour la recouvrer , & que, s'il connoiſſoit le lâche qui l'avoit privé d'un objet ſi cher, il le perceroit de mille coups ; le Comte applaudiſſoit à ſes menaces , & reprit qu'il déroberoit volontiers le plaiſir de ſe venger à M. de Tarol : pendant tout ce diſcours, le Marquis de Verſé étoit dans un état ſingulier. Partagé entre les mouvemens de ſon courage & ceux de la crainte de perdre une femme qu'il adoroit, il n'oſoit faire éclater ſon reſsentiment contre deux hommes qui sembloient n'être venus chez lui que pour l'insulter ; car il doutoit encore s'ils ne sçavoient pas que Madame de Valcy fût dans sa maison.

Pour augmenter son embarras, le Comte poursuivit : dites-nous votre avis, mon oncle, sur une action qui n'a point d'exemple ; car la conduite de Madame de Valcy ne m'a pas fait craindre de rival ; & ma belle-mere jure qu'elle n'a aucune connoissance du lieu où elle est : tous les galans d'une belle personne ne se déclarent pas, reprit M. de Versé, & il peut se faire que Madame de Valcy eût un amant caché, qui s'est déterminé de l'enlever, voyant que vous touchiez au moment de l'épouser. Il est vrai, répondit M. de Tarol ; mais cet amant sera bien caché, s'il échappe à nos recherches & à celles que le Roi fait faire : cette affaire prend une tournure bien fâcheuse pour le raviſſeur de cette chere fille.

Le Marquis jugeant par les diſcours de ſes hôtes qu'il n'étoit point ſoupçonné, commença à parler avec plus d'aiſance & de liberté : il excuſa les fautes que la paſſion faiſoit faire, en blâmant cependant la violence que l'on faiſoit à Madame de Valcy : il n'y a point d'excuſe à cette action, continua M. de Tarol. Hélas ! pourquoi ai-je ignoré ſi long tems l'état de cette enfant ? Elle ſeroit l'épouſe de Monſieur (en montrant le Comte) & n'auroit jamais eſſuyé la perſécution de votre famille.

Le Marquis trouva le trait un peu fort. Je pardonne, dit-il, à la douleur où je vous vois, l'injure que vous faites à ma ſœur & à la mémoire de ma niéce ; elles ont fait leur devoir, en empêchant M. de Marſevil de ſe livrer à une paſſion qui ne pouvoit le conduire qu'à des malheurs, & faire la déſolation de deux familles. Mais vous,

Monsieur, pourfuivit-il, qui me faites un reproche que je ne mérite pas;
de quel droit venez-vous dans ma maifon vous plaindre de ma fœur & de
ma niéce, quand vous avez donné lieu
vous-même aux premiers malheurs de
Madame de Valcy? En effet, j'ai tort,
reprit M. de Tarol, de parler chez
vous avec tant de franchife; mais fi
mon difcours vous bleffe, je fuis prêt à
vous donner toute fatisfaction : le Marquis ne voulant pas d'affaire d'honneur
dans la circonftance où il fe trouvoit,
prit le parti de la douceur & de la modération. Cette injure ne me regardant
pas directement, continua-t-il, je ne
crois pas devoir y répondre autrement,
qu'en vous faifant fentir que vous ne
devez pas vous plaindre de ma fœur,
qui n'a fait que ce qu'elle devoit pour
empêcher une liaifon qui pouvoit rendre fa fille malheureufe. La converfation ne devenoit pas affez amufante

pour la faire durer encore long-tems. Après le souper, M. de Versé, sous prétexte de faire compagnie à ses hôtes, ne les quitta que lorsqu'il fut sûr qu'ils ne parleroient à personne des gens de la maison, & il eut soin de se lever de grand matin, pour être dans leur chambre à leur réveil.

Persuadés par la maniere dont il les avoit reçus qu'ils s'étoient trompés, ils partirent, n'ayant eu aucuns éclaircissemens de ce côté-là. Cependant le Comte de Marsevil ne pouvoit revenir de sa surprise, voyant son oncle résider si long-tems dans un lieu dépourvu de toutes les commodités ; cette circonstance lui laissa de violents soupçons ; mais quoiqu'il ne pût pas les vérifier, il avoit peine à croire qu'il n'y eût pas quelque mystere ; & comme il ne vouloit rien négliger, sçachant que souvent de simples conjectures menent à de grandes certitudes, il envoya fecrettement fon valet-de-chambre, nommé Defchamps, pour tâcher de s'infinuer au château de Verfé, & même d'y entrer comme do-meftique ou travailleur. Defchamps s'acquitta de fa commiffion avec zele : mais il trouva bien des obftacles pour percer dans l'intérieur du château, à caufe des défenfes que le Marquis avoit faites de laiffer entrer qui que ce fût. Il fe préfenta d'abord au Jardinier, qui le refufa ; enfuite au Cuifinier, qu'il ne trouva pas plus favorable ; enfin, fa perfévérance fut récompenfée de quelque foible lumiere : le Jardinier, qui n'étoit pas du fecret, lui dit que, depuis trente ans qu'il étoit dans la maifon, il n'avoit jamais vû *Monfeigneur* habiter fon château fi long tems : qu'il s'y plaifoit, furtout, depuis qu'il y avoit fa maitreffe. Sa maitreffe, dit Defchamps! Eft-elle jeune ? Ah ! ma foi, reprit le Jardinier, c'eft une belle créature ;

mais elle eſt triſte , & paroît être ici malgré ſon inclination. Au portrait qu'il en fit , Deſchamps ne crut pas que ce fût Madame de Valcy , qu'il n'avoit jamais vûe que dans un deuil qui déroboit une partie de ſes charmes ; mais il crut cependant qu'il ne devoit point négliger les occaſions de s'éclaircir davantage : il demanda au Jardinier s'il pouvoit voir cette Dame. Non, continua le bon-homme , depuis quelques jours elle ne deſcend plus dans le jardin ; mais ma fille vous en dira plus que moi , car elle lui porte des fleurs tous les jours. Par malheur elle étoit allée à quelques lieues de Verſé , car Deſchamps lui auroit parlé dès le même jour , & cette explication auroit ſans doute fini toutes ſes incertitudes.

Il fit connoiſſance avec le poſtillon , qui parut mieux inſtruit ; cet homme, las du ſéjour que ſon maître faiſoit dans ce triſte château , auroit préferé

D vj

d'être à Paris avec sa femme : sa mauvaise humeur, jointe au vin que Deschamps lui faisoit boire, le rendit indiscret ; il l'assura qu'il y avoit plus de trois mois que le Marquis avoit une Demoiselle dans le château, & qu'elle couchoit avec lui ; Deschamps se trouva par cette confidence fort éloigné de ce qu'il espéroit. Madame de Valcy n'avoit été enlevée que depuis six semaines, & il ne pouvoit soupçonner sa vertu : ainsi, voyant que ses questions & ses recherches étoient inutiles, il revint rendre compte à son maître du peu de succès de ses soins.

Bien loin que le Comte perdît l'espérance sur le discours de Deschamps, il entrevit beaucoup de lumiere à travers ce cahos ; mais M. de Tarol rejetta bien loin ces conjectures : le Marquis, vieux militaire, avoit une réputation faite du côté du courage & de la galanterie ; ayant les mœurs aussi

corrompues que beaucoup de ſes ſem-
blables , à quelque choſe près ſeule-
ment, qu'il n'avoit jamais gardé aucuns
ménagemens pour dérober au public
les déſordres de ſa conduite ; il étoit
bien loin de ſéqueſtrer une femme
pour la ſauver des ſoupçons , encore
moins de prendre la peine de faire de
longs ſéjours dans un château abandon-
né depuis long-tems , ayant l'air d'une
maiſon en décret ; toutes ces conſidé-
rations leur firent juger que la femme
que le Marquis gardoit à Verſé étoit
une compagnie qu'il avoit amenée de
Paris.

Cependant le Marquis, inquiet de la
viſite de ſon neveu & de M. de Tarol , craignant qu'ils n'euſſent quelques
ſoupçons , ſe détermina à faire chan
ger de lieu à Madame de Valcy , &
l'emmener dans le fond de la Picardie
dans une terre où il n'alloit jamais , &
où à peine pouvoit-il trouver du loge-

ment pour lui & quelques domestiques : la route l'inquiétoit, il falloit faire plus de trente lieues sans que Madame de Valcy fût entendue ni apperçue. Cette réflexion lui fit heureusement différer son voyage ; en attendant il redoubla de vigilance & de menaces, & partit pour Paris, afin de désorienter son neveu.

L'appartement où logeoit Madame de Valcy donnoit sur le Parc, & le fossé qui étoit au bas de ses fenêtres n'avoit plus d'eau ; cette remarque lui fit espérer d'échapper de l'espece de prison dans laquelle le Marquis la retenoit ; mais elle ne le pouvoit sans aide, & sans que le Comte de Marsevil le sçût ; il lui paroissoit plus difficile de lui faire tenir une lettre, que de descendre dans le fossé : depuis quelques jours, la fille du Jardinier n'osoit plus apporter des fleurs, parce que le Marquis l'avoit défendu ; d'ailleurs,

Madame de Valcy n'avoit rien pour écrire; l'amour la rendit induſtrieuſe : elle déchira les feuillets d'un livre, délayant du noir avec de la gomme, & taillant un curedent, elle fit ſa lettre. Elle reſta pluſieurs jours ſans pouvoir la donner à la Jardiniere; mais lui faiſant ſigne, cette fille comprit ce qu'il falloit faire : elle vint le ſoir même après ſouper, & Madame de Valcy lui lança le billet avec une brique qui ſe trouva dans ſa chambre.

Elle fut quelques jours ſans appercevoir la Jardiniere : le Marquis étoit abſent; elle riſquoit de manquer l'occaſion de s'échapper s'il revenoit avant : elle avoit eu la précaution d'écrire à Madame Dumont, afin que, ſi la lettre tomboit entre les mains de quelques domeſtiques, on ne ſoupçonnât point d'intelligence avec le Comte; ſa démarche étoit prudente; elle appréhendoit ſon reſſentiment contre ſon oncle,

& qu'il n'en vînt à quelque querelles
& à un éclat, qui peut-être les eût per-
dus tous les deux : elle marquoit à Madame Dumont qu'il ne falloit rien ha-
farder , & ménager les chofes de façon
que le Comte ignorât que fon oncle
fût l'auteur de fon enlevement.

La Jardiniere porta la lettre elle-
même au Couvent de B. . . quoiqu'il y
eût huit lieues : elle fut trois jours fans
revenir & deux autres fans trouver l'occafion de rendre la réponfe ; Madame
Dumont fe trouva fort embarraffée ,
pour ne point donner connoiffance au
Comte ni à M. de Tarol de la lettre de
Madame de Valcy : elle fe détermina à
écrire à la Marquife de Marfevil ce
qui fe paffoit ; cette démarche étoit
prudente : Madame de Valcy lui ayant
marqué que le Marquis de Verfé avoit
un double intérêt de la garder , ayant
pris pour elle une paffion férieufe , &
voulant empêcher le mariage de fon
neveu avec elle.

Madame Dumont se fit un mérite de sa discrétion auprès de la Marquise de Marsevil , & saisit cette occasion pour exagérer les dangers où le Comte son fils étoit exposé , s'il découvroit que le Marquis de Versé fût l'auteur de l'enlevement de Madame de Valcy. Je ne sçais s'il n'entroit pas dans ses remarques un peu de jalousie ; mais la Marquise en fut frappée , & pour empêcher les funestes suites qu'elle craignoit , & pour agir de concert avec Madame Dumont, elle lui envoya une chaise & un mot d'invitation pour se rendre à Marsevil. Madame Dumont , charmée de se rendre nécessaire à une Dame de cette distinction , ne se fit pas prier long-tems , & vint à Marsevil où la Marquise la reçut avec beaucoup d'amitié. Elle avoit eu le tems de la connoître dans le séjour qu'elle avoit fait à Prémur. Sa figure , sa douceur , cet air insinuant qui gagne les cœurs ; tout avoit prévenu la Marquife en fa faveur, & la difpofa à prendre de fes confeils dans la conduite qu'elle devoit tenir avec le Marquis de Verfé. Madame Dumont fut d'avis que la Marquife fe rendroit brufquement à Verfé, & tâcheroit de convaincre le Marquis : le lendemain elle partit de bonne heure ; elle ne trouva point le Marquis, qui étoit parti la veille pour Paris, en donnant de fi bons ordres, que quelqu'inftance qu'elle fît pour parler à Madame de Valcy, on lui dit toujours que l'on ne la connoiffoit pas ; qu'il n'y avoit dans tout le château qu'une Demoifelle, maitreffe du Marquis, qui ne parloit à perfonne du dehors : l'efpece d'Intendant qu'il avoit laiffé, la conduifit dans un appartement où on lui fervit un excellent fouper, & l'on fut chercher le Chapelain pour lui tenir compagnie.

La Marquife voyant entrer ce bon

Prêtre, efpéra s'éclaircir & réuffir à voir Madame de Valcy ou à lui faire tenir une lettre. Son air, fa politeffe, & plus encore fes promeffes, le féduifirent : enfin, il avoua que le Marquis avoit amené, il y avoit environ fept femaines, une jeune perfonne dont la beauté l'avoit ravi ; mais qu'il lui avoit dit qu'elle n'étoit pas fage, & qu'il ne s'étoit déterminé à l'enlever que de l'aveu d'un oncle, & pour empêcher un mariage mal afforti.

Madame de Marfevil ne s'amufa point à vouloir juftifier Madame de Valcy dans l'efprit du Chapelain ; elle employa le tems plus utilement, en voulant le perfuader de lui procurer les moyens de voir & de parler à la perfonne dont il étoit queftion ; il ne dépend pas de moi, répliqua le Chapelain, Monfeigneur la fait garder à vûe ; mais je lui ferai tenir une lettre, aux conditions qu'il ne fera pas queftion de moi dans toutes les démarches que vous ferez pour lui procurer la liberté : la Marquise lui promit non seulement de ne le compromettre à rien , mais de l'ôter de Verſé , en lui donnant un bé- néfice : il alla lui querir de quoi écrire , & ſe chargea de la lettre : le lendemain, elle partit de Verſé ſans vouloir inſiſter davantage à parler à Madame de Val- cy , de crainte de déconcerter toutes ſes meſures.

Elle prit le chemin de Paris , & ſe rendit chez la Ducheſſe de S.-Pere , qu'elle ſurprit beaucoup par ſa viſite, parce que depuis l'enlevement de Ma- dame de Valcy ces deux Dames étoient brouillées ; ſa confuſion augmenta à meſure que Madame de Marſevil s'ex- pliquoit : elle lui montra de ſi grandes conſéquences , ſi le Roi avoit connoiſ- ſance de la conduite de ſon frere , que la Ducheſſe trembla pour lui ; elle jura de nouveau qu'elle n'avoit aucune part à l'enlevement de Madame de Valcy, en avouant qu'elle s'étoit prêtée aux premiers ftratagêmes qu'on avoit employés pour arracher fon gendre à fes premiers égaremens : je fuis loin, ajoûta t-elle, d'approuver mon frere dans fes actions, quand ils iront à la violence : votre fils eft maintenant fon maître, & l'on ne peut le faire changer que par de fages repréfentations. Ce font maintenant mes affaires, reprit la Marquife. Quoi ! continua la Duchefſe ; il me femble que vous êtes bien changée ! Vous confentirez à cet indigne mariage ! L'époux de ma fille, feroit celui d'une bâtarde dont la mere s'eft déshonorée par une conduite infâme ? Si l'on recherchoit, répondit la Marquife, les actions des perfonnes qui paroiffent les plus fcrupuleufes ; peut-être y trouveroit-on des fujets d'être moins févere : votre famille, continua-t-elle, Madame, qui compte

tant d'illuſtrations , eſt-elle ſans reproche ? Et votre frere ne vient-il pas de
ſe déshonorer par l'enlevement de Madame de Valcy ? Qui ſçait même s'il
n'a pas pouſſé les choſes plus loin ? Un
homme capable de cette violence peut
en commettre d'autres : il n'a jamais
connu de loi que ſon plaiſir , & de regle que ſes faux principes. Vous êtes
auſſi trop ſévere , reprit la Ducheſſe
avec impatience , & vous ne pouvez
condamner les intentions de mon frere
dans cette action , que vous ne portiez
le même jugement des vôtres : je vous
ai vû long-tems auſſi animée contre
Madame de Valcy , que vous ſemblez
aujourd'hui indulgente : je ne la con-
noiſſois pas , reprit la Marquiſe ; &
ſa vertu m'a fait regarder d'un autre œil la paſſion de mon fils pour elle.
Voilà , continua la Ducheſſe , d'un air
indigné , de ſinguliers principes ; & les
enfans de ma fille ſeront fort honorés ,

fi Dieu n'y met ordre. Songez plûtôt, Madame, pourfuivit la Marquife, d'engager M. de Verfé à laiffer Madame de Valcy en liberté : vous fçavez que cette affaire pourroit le mener fur l'échaffaud, fi M. de Tarol fçavoit qu'il eft l'auteur de l'enlevement de fa fille. Les ménagemens que je dois à votre famille, & la tendreffe que j'ai pour mes enfans, m'engagent de prendre des voies de douceur, & vous avertir de travailler, pendant qu'il en eft tems, à fatisfaire des parens défolés. Songez-y Madame; peut-être que je ne ferois plus la maîtreffe d'appaifer un orage qui eft prêt à fondre fur le Marquis de Verfé. La Ducheffe, effrayée du dif-cours de Madame de Marfevil, la pria de ne faire aucunes démarches qu'elle n'eût vû fon frere.

Le Chapelain s'étoit acquitté de fa commiffion; il cacha la lettre dans un gâteau, & le porta lui-même à Madame de Valcy, qui comprit par un signe qu'il lui fit, qu'il falloit prendre quelques précautions pour l'ouvrir. Quelle fut sa joie lorsqu'elle fut seule, en trouvant le billet de la Marquise : elle admira la prudence de Madame Dumont, & se flatta des plus douces espérances. C'étoit beaucoup d'avoir empêché les premiers transports du Comte, & d'engager sa mere à se mê-ler seule de cette affaire. Le Chapelain l'instruisit assez adroitement que la Marquise étoit allée à Paris ; elle jugea, par ses déférences, qu'il avoit pris une toute autre idée d'elle que celle que le Marquis lui avoit inspirée d'abord. Cet honnête Ecclésiastique, qui avoit refusé absolument d'instruire le Comte de Marsevil du lieu où elle étoit, n'avoit fait aucune difficulté de la servir dans les desseins qui lui parurent conformes à la vertu. Ayant vécu loin des occasions de corrompre ses mœurs, il re-

gardoit

gardoit un Bénéfice de cent piſtoles de revenu , comme le ſouverain bien , & le libertinage du Marquis comme inſéparable de ſon état ; & il prioit Dieu du fond de ſon cœur pour qu'il lui fît miſéricorde : il avoit regardé d'abord Madame de Valcy comme une malheureuſe victime de la ſéduction ; mais Madame de Marſevil le fit changer d'opinion avec un mot , & par le vif intérêt qu'elle paroiſſoit y prendre : on n'auroit pas dû attendre ces réflexions d'un homme auſſi ſimple dans ſes manieres.

Toutes les meſures de la Marquiſe n'empêcherent pas le malheur qui arriva. Sa viſite à Verſé allarma beaucoup le Marquis : ſes queſtions aux domeſtiques le fortifierent dans ſes ſoupçons , qu'il falloit qu'on eût commis quelqu'indiſcrétion : ſa paſſion pour Madame de Valcy étoit parvenue à un tel excès , qu'il ſe détermina plûtôt à ſe perdre que de s'en séparer ; il comprit qu'il étoit impossible qu'elle pût être long-tems cachée à Versé, & se détermina de la conduire auprès de Calais, dans un vieux château à moitié détruit, dont il ne restoit que quelques chambres habitables ; mais il étoit près du Port, & en cas de besoin, il se seroit embarqué pour l'Angleterre.

Le plus difficile restoit à faire ; c'étoit de pouvoir conduire sûrement Madame de Valcy. Pensant bien qu'elle n'y consentiroit pas, il imagina un moyen qui lui réussit : il lui dit d'un ton funeste, qu'il voyoit bien qu'il ne pouvoit plus la garder ; mais qu'au moins, avant que de la rendre à M. de Marsevil, il auroit sa vie ou lui la sienne ; il a plus de force que moi, ajoûta-t il, mais j'ai plus d'expérience.

Ces paroles firent tant de peur à Madame de Valcy, qu'elle eût consenti de suivre le Marquis partout ou il l'eût voulu conduire ; A Dieu ne plaise, dit-elle, que je sois la cause d'un aussi grand malheur ! Eh bien ! reprit M. de Versé, consentez que je vous mene ailleurs : si vous persistez dans votre attachement pour le Comte , je vous donne ma parole d'honneur , dût-il m'en coûter la vie, que dans un an je vous ramene où je vous ai forcée de me suivre ; mais donnez à mon amour le tems pour se régler sur vos volontés. Où me conduirez-vous, demanda-t-elle? si vous vous éloignez trop : je risquerai plûtôt à demeurer ici , je pourrai m'y cacher..... Rassurez-vous , répliqua-t-il, nous n'allons qu'à vingt-cinq lieues d'ici.

Epouvantée de tout ce qu'elle venoit d'entendre, croyant déja voir le Comte aux prises avec le Marquis, & peut-être avec son pere , succombant l'un & l'autre, elle pressa elle-même son départ ; mille idées funestes la trouble-

E ij

rent toute la nuit , & elle ne fut pleinement raſſurée que le lendemain , lorſqu'elle ſe vit hors des terres de Monſieur de Verſé. Une aventure aſſez biſarre manqua déconcerter tous les projets du Marquis : elle étoit dans une chaiſe avec lui ; à quatre lieues ils rencontrerent trois hommes à cheval , dont l'un étoit le Comte de Marſevil , ſuivi de deux domeſtiques : Madame de Valcy le reconnut d'abord ; faiſant un cri , elle s'évanouit : le Marquis fit prendre dans un chemin oppoſé ; par ce moyen il évita le Comte , qui n'étoit plus qu'à cent pas & dont il ne fut pas reconnu , & gagna en diligence le Village le plus prochain.

Madame de Valcy, revenue de ſon effroi , ſe trouvant dans une mâſure de Payſan ,& le Marquis tranquille à côté d'elle , imaginant que le Comte avoit été tué , en demandant en tremblant des nouvelles . Je crois qu'il ſe porte

bien , reprit M. de Verfé ; car il voya-
geoit affez paifiblement , & je n'ai eu
garde d'interrompre fa route ; dans la
crainte de vous déplaire , j'ai comman-
dé de prendre par un autre chemin , au
rifque de faire quelques lieues de plus :
ce difcours raffura entierement Madame de Valcy , qui fe laiffa conduire
fans réfiftance dans fa nouvelle prifon.

Ils arriverent le lendemain au foir :
le Marquis n'ayant point voulu coucher
en chemin dans la crainte que Madame
de Valcy ne trouvât les moyens de s'é-
chapper dans l'Hôtellerie. Il avoit or-
donné à fon Valet de prendre les devants pour faire préparer les logis. Madame de Valcy ne put s'empêcher de
foupirer amerement en entrant dans le
logement qui lui étoit deftiné : elle fut
releguée dans une chambre dont le
plancher étoit enfoncé : elle avoit vingt
pieds de haut ; la tapifferie à grands per-
fonnages , & le lit à colonnes ; des fié-

E iij

ges de trois pieds de hauteur ; le reste des meubles à longues franges ; la cheminée reſſembloit à un auvent de remiſe : une table avec un grand tapis faiſoit le meuble le plus nouveau de cet appartement ; heureuſement que le Concierge tenoit cette chambre cloſe ; elle ſervoit à coucher les perſonnes d'une certaine façon qui paſſoient par le château. On arrangea pour le Marquis une autre chambre peu diſtante de celle-ci : il ſe promit de veiller lui-même à la garde de Madame de Valcy, ce qui paroiſſoit aſſez difficile ; le château n'étoit point entouré de foſſés comme à Verſé : les galeries donnoient ſur une eſpece de parapet, où les démolitions ſervoient d'eſcalier ; la pente en étoit fort roide : mais en prenant des précautions, on ſeroit venu facilement à bout de deſcendre.

Madame de Valcy ne remarqua d'abord qu'une élévation qui l'effraya ;

mais peu de jours après , ayant visité le
château avec le Marquis , elle jugea
que, pour le peu qu'elle fût aidée , il lui
seroit facile de s'échapper. Inquiette
que M. de Tarol & le Comte ne dé-
couvrissent sa retraite , elle se cachoit
elle-même à tous les yeux ; rassurée entierement sur les tentatives du Marquis , qui ne l'importunoit plus que de
ses soupirs , toute sa frayeur se tour-
noit sur l'impétuosité de son caractere ,
qui se seroit porté plûtôt aux plus violentes extrêmités , que de la céder à
son neveu ; il n'y avoit donc que dans
son courage qu'elle pouvoit espérer pour
sortir de cette espece de captivité , le
Marquis étant incapable d'écouter , ni
la raison , ni la justice , s'il s'imaginoit
que l'on blessât ce qu'il appelloit son
honneur , qui n'étoit dans le fond qu'u-
ne bravoure mal entendue.

Elle se détermina donc de se sauver
par les brèches qui donnoient du côté

de la campagne. Son deſſein étoit har-
di ; mais elle eût riſqué mille fois ſa
vie , plûtôt que d'expoſer ſon amant ,
& l'homme qu'elle chériſſoit comme
un pere tendre. Le Marquis, comptant
ſur ſa frayeur, lui laiſſoit une ſorte de
liberté dans le jour ; mais ſi-tôt que la
nuit étoit venue il ne la quittoit point ,
& la renfermoit après ſouper dans ſon
appartement : il la connoiſſoit timide ,
& ne la croyoit point capable d'une ré-
ſolution haſardée & courageuſe. Il eſt
tems de retourner à Verſé , pour ſça-
voir ce qui ſe paſſa après le départ du
Marquis.

La Ducheſſe de S.-Pere, voyant le
tour que prenoit l'affaire de l'enlevement de Madame de Valcy , écrivit à
ſon frere les démarches que l'on faiſoit
pour la recouvrer. La Marquiſe de Marſevil ayant obtenu un ordre du Roi pour
faire des recherches dans le château de
Verſé , ayant ſçu que le Marquis étoit

abfent, y courut en diligence avec une efcorte fuffifante, s'il en étoit befoin, qui refta à quelque diftance ; fa joie étoit égale à fon impatience, quand elle fongeoit qu'elle alloit rendre à fon fils l'objet de fes adorations ; elle ne pouvoit croire que Madame de Valcy s'en fût rendue indigne ; mais qu'elle fut fa défolation, quand, après avoir parcouru tout le château, elle ne trouva que le Chapelain, qui l'affura que le Marquis étoit parti trois jours auparavant, & qu'il avoit emmené Madame de Valcy, qui ne paroiffoit point contrainte à ce voyage ; il ajoûta qu'il ignoroit quelle route il avoit pris. Madame de Marfevil s'en retourna chez elle, pénétrée du plus vif chagrin, fçachant combien fon fils alloit être défolé.

M. de Tarol procédoit vivement, & obtint une lettre de cachet pour faire arrêter le Marquis, qu'il fçavoit être l'auteur de l'enlevement de sa fille : cette affaire n'étoit plus un myftere pour lui ; le feul Comte de Marfevil l'ignoroit: on gardoit le fecret, par égard pour la Marquife, qui étoit dans de cruelles allarmes, des fuites qui pouvoient arriver. Bien en prit au Marquis, de ce qu'il avoit quitté Verfé ; car il ne fût jamais forti de ce mauvais pas. Un Exempt, fuivi d'une brigade de Maréchauffée, fe préfenta à la porte du château, lorfque la Marquife de Marfevil en fortoit : elle leur dit la recherche inutile qu'elle venoit de faire.

L'Exempt fignifia la lettre de cachet au Concierge, qui foutint qu'il ne fçavoit pas ce qu'étoit devenu *Monfeigneur* ; qu'il y avoit huit jours qu'il étoit parti avec fa maitreffe, & un feul domeftique qui lui fervoit de poftillon. On lui demanda s'il n'avoit pas forcé une Dame de marcher avec lui : il répondit que, bien loin que cette Dame fût emmenée de force, elle avoit été la premiere à preffer fon voyage. M. de Tarol ne concevant rien à cette conduite, s'en retourna à Prémur, craignant que Madame de Valcy ne fe fût laiffé féduire par les perfuafions du Marquis, n'ofant la foupçonner cependant d'avoir manqué à la vertu. Pendant qu'il faifoit ces triftes réflexions, il s'étoit paffé des événemens finguliers.

Le Comte de Marfevil couroit tous les jours la campagne. Son inquiétude, l'efpérance d'apprendre quelques nouvelles de Mad. de Valcy, l'obligeoient à monter à cheval de grand matin : fouvent il alloit de Marfevil à Prémur. Il foupçonnoit toujours fon oncle & cherchoit l'occafion de le joindre : il avoit rendu fa confiance à Madame Dumont, qui s'en contentoit, ne pouvant avoir mieux. L'inquiétude où elle étoit fur le fort de Madame de Valcy la chagrinoit réellement. Le Banquier

qui lui payoit fa penfion , ne lui avoit
rien appris depuis un an de fon mari ;
dix ans d'abfence n'avoient point affoi-
bli dans fon cœur l'extrême envie
qu'elle avoit de le revoir ; l'âge , fa
tendreffe pour fon fils , fes petits dé-
plaifirs avec le Comte de Marfevil la
déterminerent à paffer aux Indes pour
aller trouver un époux , qui, felon l'u-
fage des maris de Paris , avoit oublié
les fujets de mécontentement que fa
femme lui avoit donnés , quoique la
parenté & les Prêtres ne s'en fuffent
pas mêlés : d'ailleurs il n'avoit fait nul
éclat , & prefque tout le monde ignoroit les fautes de Madame Dumont &
le reffentiment de fon mari. L'amitié
fincere qu'elle avoit prife pour Madame
de Valcy , lui fit encore différer un
voyage qui feroit devenu inutile par les
événemens qui fuivent. Madame de
Vaury vivoit à Prémur régiffant la terre
comme une bonne mere de famille ,

qui ne songe qu'à l'intérêt de ses enfans. M. de Tarol lui en avoit remis
tout le soin, & n'en avoit plus d'autre
que de chercher Madame de Valcy, &
l'occasion de se venger du Marquis de
Versé.

M. de Marsevil venoit d'arriver à
Prémur, où il trouva M. de Tarol &
Madame Dumont : ils alloient se mettre à table, quand ils entendirent dans
la cour du château un grand bruit de
chevaux. Dans les circonstances pré-
sentes les moindres choses devenoient
des objets de curiosité ; on s'empressa
de sçavoir ce que signifioit tant de bruit.
Un homme demandoit à haute voix le
maître du logis : me voilà, répondit
M. de Tarol. Tant mieux, reprit cet
homme ; je m'en vais saluer les Dames : & s'avançant vers Madame Dumont ; qu'est ce, dit-il ? ce n'est pas là
ma niéce. N'importe, je vais sans façon me placer auprès d'elle. Puisque

vous êtes M. de Terville , continua-
t-il , voilà mon neveu que je vous pré-
-sente , en montrant un jeune homme
très-bien fait , qui étoit entré avec lui.
Les Dames qui étoient accourues ,
croyoient apprendre quelque chose de
Madame de Valcy ; mais voyant que
Messieurs de Prémur étoient pressés de
se mettre à table , elles prirent chacu-
ne leur place ; on s'expliqua , & l'on
apprit à MM. de Prémur l'aventure de
Madame de Valcy , dont ils parurent
consternés.

Un moment après , il survint un troi-
siéme ; M. de Prémur lui cria : soyez
le bien venu ; voilà mon beau-frere ,
& deux Dames que je vous présente ...
Ma foi , je suis bien-aise de les voir, &
soupons de bon appétit. ...... Mettez-
vous auprès de celle ci , en montrant ,
de l'autre côté, Madame Dumont, qui
toute interdite , étoit prête à tomber en
foiblesse. L'inconnu la regardoit avec

des yeux où l'on apperçevoit de la joie & de l'inquiétude. M. de Prémur s'étoit remis fur fa chaife & ne difoit rien; tout le monde fembloit attendre quelque chofe d'intéreffant. Madame Dumont enfin quitta fa place , fe jetta avec tranfport dans les bras de l'inconnu : il n'étoit plus poffible de tirer un mot de ces deux perfonnes. Saifis , tranfportés , enivrés du plaifir de fe retrouver après une longue abfence , ils ne fongeoient qu'à montrer leur tendreffe & leur fatisfaction. Cette fcène difpofa toute la compagnie à partager la joie des deux époux ; car dans cet inconnu on trouva M. Dumont , qui revenoit des grandes Indes : il avoit rencontré M. de Prémur en débarquant, & comme il venoit furprendre fa femme à fon Couvent , il avoit pris avec eux le chemin de la Picardie. Le vieux de Prémur lui avoit dit fans façon de venir coucher chez fon beau-frere , parce qu'il étoit tard , & M. Dumont avoit accepté la partie , perfuadé que le lendemain de grand matin il fe rendroit à B. . . . Cette réunion parut fi finguliere qu'on ne put s'empêcher de s'en occuper le refte de la foirée ; on fit coucher les deux époux dans la même chambre ; MM. de Prémur furent logés enfemble , & tout le monde s'arrangea dans le château par les foins de Madame de Vaury.

M. de Prémur ignoroit que M. de Terville eût quitté fa femme , & demandoit fans relâche des nouvelles de fa niéce : le myftere qu'on avoit d'abord obfervé lui donnoit beaucoup de curiofité de fçavoir des détails. Il avoit entendu parler d'enlevement , & croyoit que Madame de Valcy avoit eu quelques aventures galantes. On lui apprit le lendemain qu'elle avoit été mariée ; que devenue veuve elle étoit recherchée par le Comte de Marfevil , dont la

famille la perſécutoit , & que ſon enlevement en étoit une ſuite. Parbleu, reprit M. de Prémur , cela me paroît ſingulier , de s'oppoſer ainſi à la ſatisfaction de ma niéce ; je prétends faire finir toutes ces tracaſſeries , en la mariant
à mon neveu. Je leur ferai une dona-
tion de tout mon bien ; il commande
un vaiſſeau de la Compagnie des Indes : il eſt brave , il eſt bien bâti , &
n'eſt pas fait pour être refuſé ; & j'eſpere que la parenté n'empêchera rien.
Il faut d'abord , reprit M. de Tarol , la
conſulter ; & ſes engagemens ne me
permettent pas de croire qu'elle con-
ſente volontiers. . . . . . J'entends , interrompit M. de Prémur , elle a quelqu'un
en tête....Je ne puis vous répondre poſi-
tivement là-deſſus , elle s'en expliquera
elle-même , quand elle ſera ici.

Le Comte de Marſevil, qui avoit été
préſent à tout cet entretien , changea
pluſieurs fois de couleur , & fut ſur le

point de l'interrompre ; il ne fortoit d'un chagrin que pour retomber dans un autre : il prit, après le dîner, M. de Tarol à part, lui ayant recommandé fes intérêts, lui rappellant la parole qu'il lui avoit donnée : il félicita Madame Dumont fur le retour de fon mari ; il s'en retourna à Marfevil fort inquiet de cet oncle, qui étoit venu des Indes pour le tourmenter ; il trouva fa fœur que l'on avoit retirée du Couvent ; il l'avoit peu vûe ; fa beauté le furprit, & fit diverfion pour quelques inftans au chagrin qui le confumoit ; un peu de reffemblance avec Madame de Valcy la lui rendit plus intéreffante, & les careffes qu'elle lui prodiguoit calmerent fes inquiétudes. Son amitié pour le frere n'étoit partagée avec perfonne, & Madame de Marfevil, dans l'efpérance de foulager l'ennui de fon fils, recommanda à fa fille de faire tous fes efforts pour le tirer de cet état d'accablement.

Madame de Valcy de son côté cherchoit tous les moyens de finir une captivité qui lui devenoit de jour en jour plus insupportable. Elle ne vit pas de meilleure connoissance dans la position où elle étoit que la fille du Concierge, âgée d'environ vingt-cinq ans : elle languissoit dans cette triste campagne ; quelques Paysans l'avoient demandée en mariage ; mais l'éducation qu'elle avoit reçue, jointe à l'inclination qu'elle avoit sentie pour un homme fort au-dessus de son état, lui avoit inspiré de la fierté, & lui avoit fait rebuter les partis de sa sorte : elle n'étoit pas sans agrémens, & son caractere bon & sincere ne permettoit point que l'on eût aucune mé-fiance : elle avoit regardé d'abord Madame de Valcy comme la maitresse du Marquis, & la plaignoit de s'être rendue à un homme de cet âge & de cette humeur, jugeant qu'il étoit jaloux à l'excès, par la façon dont il la renfermoit. Madame de Valcy lui fit quelques signes qu'elle entendit, & comme il n'y avoit dans le château personne qui pût lui tenir compagnie, le Marquis permettoit que cette fille vînt quelquefois aux heures du repas; Madame de Valcy lui glissa un billet, par lequel elle l'instruisoit de ce qu'elle desiroit d'elle; ce fut d'abord de lui fournir quelques moyens de l'entretenir; le même jour elle en reçut la réponse, & lui indiqua une fenêtre grillée, qui donnoit dans une galerie, où Madame de Valcy pourroit se rendre sans que le Marquis en sçût rien; ce fut ce soir même qu'elles prirent leurs mesures, pour se sauver de cette espece de prison.

La fille du Concierge ne voyoit point d'autre moyen pour sortir de l'état où elle étoit : ce desir, joint au penchant qu'elle avoit de rendre service à Madame de Valcy, lui fit imaginer un expédient pour la faire échapper des mains de son Geolier. J'ai dit que le plancher de la chambre où couchoit Madame de Valcy étoit percé ; on avoit mis une grande table dessus le trou ; & un grand tapis cachoit la table ; le trou étoit trop petit pour y passer ; mais Madame de Valcy pria le Marquis de ne point faire coucher dans sa chambre une Paysanne qui la servoit ; il eut cette complaisance, & elle en profita pour aggrandir le trou avec quelques outils : comme elle n'y travailloit que la nuit , & qu'elle craignoit de faire du bruit, elle fut quelque tems à faire le trou assez grand pour y passer le corps : cette ouverture étoit entre deux solives , & donnoit au-dessous dans une salle où l'on mettoit des tonneaux & du bois de charpente. Aveline (c'est le nom de la fille du Concierge) chercha long-tems la clef, s'en saisit, la garda , arrangea les bois & les tonneaux , de façon qu'il ne s'en falloit pas de quatre pieds que fon échaffaud ne touchât au plancher ; & une nuit Madame de Valcy s'étant gliffée par l'ouverture, fe trouva fur l'échaffaud fans s'être fait aucun mal. Les marche-pieds furent franchis de même ; il ne fut pas difficile de fortir dans la cour du château ; les clefs de la porte d'entrée étoient portées chez le Marquis : nos deux héroïnes furent obligées de defcendre par une bréche , & de fe gliffer fur les pierres l'une après l'autre : ce fut alors qu'elles reçurent quelques contufions , qui cependant n'eurent aucunes fâcheufes fuites.

Aveline , qui fçavoit les détours du pays , mena la craintive Valcy à travers les bois ; le bruit des feuilles , le cri des hiboux , quelques mugiffemens , tout lui caufoit une frayeur mortelle ; elles fe trouverent enfin au point du jour dans un village : Madame de Valcy avoit confervé une partie de l'argent qu'elle avoit fur elle lorfqu'on l'enleva : cette fomme leur fuffit pour leur voyage ; elles ne trouverent qu'une charrette couverte , qu'un payfan s'offrit de leur louer , promettant de les conduire où elles vouloient aller. On y attela deux bons chevaux ; étant montées dans cette modefte voiture , le payfan les mena par des chemins détournés ; Madame de Valcy , entierement raffurée , crut que le Marquis ne pourroit jamais l'atteindre.

Mais quelle fut fa colere , quand la Payfanne vint lui dire que Madame de Valcy n'étoit point dans fa chambre. Il y paffa à l'inftant , il chercha en vain l'endroit par où elle pouvoit être fortie ; fa porte fe trouva fermée à double tour ; il étoit impoffible qu'elle eût paffé par les fenêtres : le Concierge , qui cherchoit fa fille de fon côté , fe reffouvint qu'il avoit négligé de faire raccommoder un trou qui donnoit fous une table, & découvrit tout le myftere en levant le tapis. Peu s'en fallut que le Marquis ne le tuât dans le premier mouvement. Le Concierge jura qu'un chat n'auroit pû y paffer, & qu'il falloit qu'on eût travaillé long-tems à élargir cette ouverture : comme il n'y avoit pas de tems à perdre pour examiner qui avoit tort ou raifon, le Marquis fit feller promptement des chevaux, & faifant monter fon valet & le Concierge, il les difperfa par différens chemins, & prit celui qu'il jugea le plus fûr pour arriver à Prémur. Comme nos aventurieres avoient beaucoup d'avance on ne put les joindre. Le Marquis, s'imaginant qu'elles étoient cachées dans quelques maifons de payfans, fit des recherches qui lui firent perdre un tems précieux. Une jeune fille feulement leur dit qu'il y avoit une belle Dame avec fa chambriere, qui étoient venues de grand matin, & qu'elles s'é-

toient

toient mifes dans une charrette , &
avoient pris le chemin de B...; ils
fuivirent cette route , mais inutilement:
elles arriverent à Prémur le troifiéme
jour fans accident & fort fatiguées de
leur voyage.

Les Religieufes s'empreſſerent à fé-
liciter Madame de Valcy fur fon retour. Elle avoit préferé d'aller d'abord
au Couvent, toujours dans la crainte
du reſſentiment de M. de Tarol, &
des fuites funeftes qui pouvoient en ré-
fulter. Elle écrivit auſſi-tôt à Madame
de Vaury de ménager cette affaire avec
fa prudence ordinaire. Quelle joie pour
cette digne amie de recevoir cette nouvelle ! elle éclatoit malgré elle. Madame Dumont , qui étoit encore à Prémur , fut mife dans la confidence , &
elle fe chargea d'aller au Couvent &
d'amener Madame de Valcy : l'air myf-
térieux que ces deux Dames obfer-
voient , donna quelques foupçons à

M. de Tarol ; le départ du Comte l'a-
voit affligé & surpris ; il ne pouvoit en
comprendre la raison : on lui dit qu'il
pouvoit rester tranquille ; qu'il rever-
roit bien-tôt l'objet le plus cher à son
cœur. Son agitation étoit extrême : il
ne pouvoit se persuader que Madame
de Valcy ne s'empressât pas de revenir
à Prémur si elle étoit en liberté.

D'un autre côté Madame Dumont
fit partir un exprès pour avertir la Marquise de Marsevil du retour de Madame de Valcy ; cette tendre mere craignant qu'une nouvelle aussi intéressante
ne produisît un effet trop violent sur
l'esprit de son fils, cachoit autant qu'elle
le pouvoit les mouvemens de joie qui
l'agitoient ; mais le Comte, qui étudioit
ses moindres mouvemens pour sçavoir
ce qu'il devoit craindre ou espérer, remarqua sur son visage un air de satisfaction qui ne lui étoit pas ordinaire,
& que ses yeux naturellement tendres

s'animoient. Ah ! s'écria-t-il vivemeut , elle eſt retrouvée ! Je la verrai bien-tôt. Je ſerai libre de lui exprimer le cruel état où m'a mis ſon abſence. Puiſque vous êtes ſi bien inſtruit , répliqua la Marquiſe , je n'ai rien à vous apprendre. Mais que ſignifie ce ſilence , continua-t-il ? pourquoi ne m'a t-elle pas écrit. . . . .? C'eſt ſans doute un ménagement , reprit Madame de Marſevil ; tenez , voyez cette lettre. Il la prit en tremblant , la lut , & manqua mourir de plaiſir en voyaut qu'elle s'étoit rendue au Couvent , & que ſon premier ſoin avoit été de lui apprendre ſon retour. Les careſſes qu'il fit à ſa mere , l'empreſſement qu'il avoit de partir pour ſe rendre au Couvent , toutes ſes actions enfin étoient autant de tranſports qui marquoient une paſſion auſſi vive que conſtante : Madame de Marſevil n'entreprit pas de s'oppoſer à ſes deſſeins ; au contraire , l'idée qu'elle

fe formoit du bonheur dont fon fils alloit jouir, lui fit hâter elle-même fon
départ.

Son amour le fit voler à B. . . Madame de Valcy ne comptoit pas de le
voir au Couvent, & attendoit Madame
Dumont, qui n'arriva qu'une heure
après lui : elle craignoit avec jufte raifon que les tranfports de cet amant n'é-
pouvantaffent les Religieufes ; mais perfonne ne fut témoin des premiers momens de cette entrevûe : le Comte s'é-
tant fait annoncer, il attendit au parloir
Madame de Valcy, & la touriere fe
retira. Que de joie, que d'ardeur, que
d'amour ! les expreffions ne rendent
point le fentiment, quand il eft dans
toute fa force. La grille fut un cruel
obftacle aux marques deleur tendreffe;
le filence le plus expreffif, les foupirs
les plus ardens, tous leurs mouvemens
enfin furent les interpretes de ce qui
fe paffoit dans leurs cœurs ; plus de

calme ayant fuccédé à tant d'agitation, ils s'expliquerent : Madame de Valcy exigea d'abord du Comte des fermens de ne prendre aucune vengeance de M. de Verfé ; il eut d'abord beaucoup de peine à fe foumettre à ce qu'elle demandoit ; mais l'ayant menacé de ne lui rien raconter de fon enlevement ni des circonftances qui le fuivirent, il lui jura qu'il ne prendroit point d'autre vengeance du Marquis que de preffer fon mariage avec elle. Quand vous fçaurez fes intentions, vous verrez , lui dit Madame de Valcy, que vous ne pouvez lui faire un plus grand chagrin. Le Comte, croyant qu'elle vouloit parler de la répugnance qu'il avoit montrée pour leur union, lui répliqua ce qu'il croyoit propre à la raffurer contre les nouveaux obftacles qu'il pouvoit leur oppofer.

Contre la regle du Couvent on permit au Comte de fouper à la grille ;

Madame Dumont étant furvenue, ne fit qu'augmenter leur fatisfaction, en leur apprenant l'heureux retour de fon mari. Cette circonftance la rendoit plus raifonnable, & lui fit regarder la réunion du Comte avec Madame de Valcy avec affez de tranquillité. Il ne pouvoit fe laffer de la voir : cet amant fi tendre, fi conftant, fembloit oublier les tourmens qu'il avoit endurés ; tout étoit effacé dans ces précieux momens. La Prieure, fçachant une partie des malheurs de Madame de Valcy & les intentions du Comte, ne s'oppofa point au doux entretien de ces Amans, qui dura jufqu'à onze heures, que le Comte fe retira dans l'appartement du dehors qu'on lui avoit fait préparer.

Madame de Valcy ne voulut point fe féparer de Madame Dumont pour cette nuit, ces deux Dames, également charmées de fe revoir, fe donnerent mille marques d'amitié ; le lendemain

M. de Tarol, inftruit par Madame de Vaury, arriva au Couvent avec MM. de Prémur. Madame de Valcy fortit en dehors pour embraffer des parens empreffés de la voir ; ces momens furent pleins d'une douce confufion, qui fit place à plus d'ordre & de modération. Un dîner bien fervi fut le fceau de la réunion d'une famille fi long-tems divifée ; le Comte ne contraignoit plus fes tranfports ; ils étoient autorifés par le confentement de M. de Tarol ; mais le jeune de Prémur ne vit fon bonheur qu'avec envie ; & fon oncle fe trouva fort éloigné de fes defirs. Je vois bien, dit-il d'un ton malin, que nous fommes venus trop tard, & que ma niéce a pris les devants : quoiqu'elle ait fait un bon choix, à ce qu'il paroît, je ne fuis pas moins fâché qu'elle ne veuille pas un mari de ma main : je ne pouvois, mon cher oncle, reprit Madame de Valcy, deviner vos intentions,

& j'avois difposé de mon cœur bien long-tems avant de fçavoir fi j'aurois jamais le bonheur de vous voir ; mais j'efpere , ajoûta-t-elle , en tendant la main à fon coufin , que mon amitié vous dédommagera l'un & l'autre de ce qu'il n'eft plus en mon pouvoir de donner : Monfieur de Prémur fe mit à rire ; mais le neveu ne répondit rien : fa trifteffe fe remarqua toute la journée ; & l'on jugea que les charmes de Madame de Valcy avoient fait beaucoup d'impreffion fur lui.

Le foir même toute la compagnie prit le chemin de Prémur. Madame de Valcy vola dans les bras de Madame de Vaury , qu'elle regardoit depuis long tems comme une tendre mere : fa reconnoiffance lui procura encore dans ces momens un plaifir bien doux. Les ames fenfibles font émues par tous les fentimens ; & la reconnoiffance fur elles produit un effet prefqu'égal à l'amour.

Madame de Valcy ne pouvoit fuffire à tant de circonftances intéreffantes ; elle ne fortoit des bras de fes amies que pour paffer dans ceux de fon pere ou de fon amant ; l'oncle en avoit fa part : le jeune de Prémur feulement gardoit un morne filence au milieu de tant de perfonnes animées par un intérêt fi vif.

Madame Dumont à qui l'âge, l'expérience & la longue abfence de fon mari avoient donné de la réflexion, convenoit dans fon ame que l'époux d'une femme raifonnable eft le feul homme (quel qu'il foit) auquel elle doit s'attacher : fon enjouement , fa liberté d'efprit jointe à l'humeur joyeufement brutale de M. de Prémur , rendirent toutes ces perfonnes fort fatisfaites d'être enfemble ; & par les foins de Madame de Vaury, tout le monde s'arrangea commodément dans le château ; M. Dumont, que le tems avoit corrigé de fa jaloufie, & à qui un caractere doux & l'a-

F v

vantage d'être né Parisien, donnoient beaucoup de facilité à oublier les fautes de sa femme, parut aussi amoureux de la sienne que s'il venoit de l'épouser. Pour mieux cimenter cette réunion, on envoya chercher son fils, qui avoit alors près de douze ans.

Le Comte de Marsevil, enivré du plaisir de recouvrer son amante, s'arracha d'auprès d'elle pour aller travailler à s'assurer un bonheur qu'on n'étoit plus en droit de lui disputer. Il retourna à Marsevil pour obtenir le consentement de sa mere ; il proposa à M. de Tarol d'être du voyage, persuadé qu'il seroit d'un grand secours pour déterminer la Marquise : ils arriverent dans les plus douces espérances ; Mademoiselle de Marsevil les reçut avec une politesse & des graces qui la rendoient encore plus aimable qu'elle n'étoit jolie. M. de Tarol avoua qu'il ne connoissoit pas de personne plus charmante. Il lui vint fur-le-champ une penfée qu'il ne communiqua point d'abord , mais qui eut fon effet peu de tems après.

La Marquife de Marfevil reçut M. de Tarol avec beaucoup de témoignages d'amitié. Ils parlerent d'abord des procédés du Marquis de Verfé & des obligations qui les forçoient d'oublier leur reffentiment , en ayant donné leur parole d'honneur. On tomba infenfiblement fur les éloges que méritoient la vertu , la modération & la prudence de Madame de Valcy. M. de Tarol ne jugea pas à propos de parler le premier du fujet qui l'amenoit , trouvant de l'indécence à propofer fa fille pour le bon d'une femme qui fembloit l'avoir dédaignée d'abord ; le lendemain il entra feul dans le cabinet de la Marquife : il lui dit fans balancer , qu'aimant fa fille & la voulant rendre heureufe , il ne pouvoit mieux faire que de lui affurer tous fes biens après lui ; qu'il jouiſſoit de dix mille livres de rente, qui, jointes à quatre que Madame de Valcy poſſédoit, formoient une dot honnête. Je ſuis, ajoûta-t-il, d'une des meilleures nobleſſes de la Province, Officier des Gardes-du-Corps ; je ne vois rien, Madame, dans le mariage que je vous propoſe pour votre fils qui ne ſoit aſſorti ; il eſt plus riche que ma fille ; mais il a des enfans du premier lit.

La Marquiſe l'avoit écouté ſans l'interrompre : ſi vous aimez Madame de Valcy, répliqua-t-elle, j'aime autant mon fils : ſi je me ſuis d'abord oppoſée à ſa ſatisfaction : j'ai eu mes raiſons, mais les choſes ſont bien changées ; ſa conduite & la votre rendent ce mariage deſirable pour moi ; mais je ſouhaiterois, continua-t-elle en baiſſant les yeux, que cet engagement n'éclatât pas d'abord ; je voudrois accoutumer la famille de la Ducheſſe à cette idée. J'entends, Madame, reprit M. de Tarol avec dépit, vous rougiffez encore de l'alliance dont M. de Marfevil fait fa félicité. Vous n'êtes pas contente de la perfécution que vous avez vous-même élevée contre ma fille ; & vous voulez encore l'expofer à celle de la Ducheffe ou de fon frere : mais Monfieur, dit la Marquife, vous vous fâchez fans raifon ; je ne m'oppofe point à la fatis-faction de mon fils, je voudrois feule-ment. . . . . . Non Madame, continua M. de Tarol en fe levant, le tort qu'on a fait à ma fille ne peut fe réparer qu'en vous faifant une efpece de gloire de l'accepter pour votre bru, & ce n'eft qu'à cette condition que je confentirai à fon mariage avec M. de Marfevil. La Marquife héfita pour répondre : je ne puis difconvenir, continua-t-elle, que j'aie peine à publier d'abord ce maria-ge, & c'eft votre faute ; fongez, Mon-fieur, à la conduite de Madame de

Terville, & les propos auxquels vous avez donné lieu vous-même : ce n'eſt point l'état miſérable où Madame de Valcy a été réduite qui m'éloignoit d'elle, c'eſt la réputation de ſa mere ; je ſuis bien loin de regarder avec indifférence les taches des parens : il n'y a pas de fortune qui puiſſe effacer dans mon eſ-prit l'ignominie d'une famille ; & jamais je n'euſſe conſenti au mariage de mon fils, ſi vous n'aviez pas reconnu Madame de Valcy : Hélas ! Monſieur, continua-t elle en ſoupirant. Je donnerois la moitié de mon ſang & de mes biens pour que Madame de Terville eût été vertueuſe ou eût du moins caché ſes vices. Vous me paroiſſez un homme ſincere : répondez-moi franchement. Accorderiez-vous votre fille à un homme dont le pere ſe ſeroit déshonoré ? Je ſuis bien loin de condamner votre délicateſſe, reprit M. de Tarol ; mais ma conduite a réparé tous les torts

de Madame de Terville : le déshonneur eft ici perfonnel , & ne rejaillit
plus fur Madame de Valcy : je ne veux
plus me fouvenir des vices de fa mere ;
faites-en de même pour le bonheur de
votre fils ; & bien loin de rougir de
notre alliance, montrez, en confentant
publiquement à ce mariage , que vous
en connoiffez tout l'avantage , & qu'il
fe forme à votre fatisfaction ; c'eft le
feul moyen d'en impofer à la Ducheffe
de S. Pere & à toute fa famille.

Madame de Marfevil rêva quelques
momens ; enfuite elle fit appeller fon
fils, qui attendoit avec la plus vive impatience : venez , lui dit-elle , vous pouvez aller trouver Madame de Valcy ,
& lui dire que je defire de la voir unie
avec vous. Le Comte fe précipita aux
genoux de fa mere ; le défordre de fes
remerciemens & de fes difcours marquoit fon agitation attendrie ; la Marquife , qui fe rappella dans ce moment

les douceurs d'une union à laquelle elle avoit trouvé elle-même tant d'oppofition , embrafla fon fils , qui reçut fes carefles avec reconnoifance ; mais qui fe déroba de fes bras pour faire préparer des chevaux ; M. de Tarol voulut l'accompagner ; ils revinrent à Prémur à l'heure que l'on alloit fe mettre à table.

La joie qui brilloit fur leur vifage annonça à toute la Compagnie qu'ils avoient quelque chofe d'heureux à leur apprendre. Madame de Valcy avoit beaucoup craint les oppofitions de la Marquife ; mais elle ne fut pas long-tems dans l'incertitude. Le Comte lui apprit tout ce qui s'étoit paflé à Marfevil.

Pendant fon abfence le jeune de Prémur avoit entretenu Madame de Valcy des fentimens qu'elle lui avoit infpirés ; elle lui avoit répondu tout ce qui pouvoit le ramener à la feule amitié, ne

devant jamais lui donner des efpérances qu'elle ne pouvoit pas remplir, ayant
pris depuis plufieurs années des engagemens. Son oncle, dont la gaieté étoit
bruyante, le tourmentoit par fes mau-
vaifes plaifanteries : au lieu de le plaindre & de le confoler, il ne ceffoit de
lui adreffer des railleries. M. de Tarol
lui ayant annoncé les arrangemens qu'il
venoit de prendre avec la Marquife,
& le mariage de Madame de Valcy ;
il alla les bras ouverts lui faire un compliment qui la fit rougir ; & fe tournant
enfuite vers fon neveu ; ma foi, dit-il,
ma niéce a fort bien fait de prendre
les devans, & de ne pas nous attendre ;
nous te trouverons une femme, qui ne
fera peut-être pas fi belle qu'elle, mais
qui aura fon mérite : réjouiffons-nous,
j'aime qu'on fe marie, quoique je n'en
aie pas voulu tâter ; je connoiffois mon
foible, & je fçavois que je n'aurois pas
été heureux en ménage. Tiens, de Pré-

mur, fais comme moi, ne prends pas de souci, & bûvons aux futurs.

Le jeune de Prémur, prenant son parti, ne voulut pas paroître aussi fâché qu'il l'étoit : en effet, il soupa assez tranquillement ; mais comme toute la compagnie devoit partir le lendemain pour se rendre à Marsevil, il fit tout son possible pour se dispenser de ce voyage. Son oncle lui ayant dit qu'il vouloit qu'il y vînt, il obéit d'assez bonne grace : MM. de Tarol & de Prémur prirent le chemin de Paris afin de faire toutes les emplettes ; & après le dîner, les Dames s'arrangerent dans leurs voitures, & partirent pour Marsevil, où elles étoient attendues avec beaucoup d'empressement & de magnificence.

M. de Versé, après la fuite de Madame de Valcy, étoit retourné à Versé, où il trouva les lettres de la Duchesse, qui l'avertissoient des poursuites

que l'on faifoit contre lui ; ces nouvelles calmerent fes tranfports : il jugea
qu'il étoit trop heureux que Madame
de Valcy eût pris le parti de fuir , &
le débarraffât , par fon retour dans fa
famille , de tous les chagrins que devoit lui caufer fa mauvaife conduite. Il
n'y avoit plus rien à craindre pour lui
que le reffentiment du Comte & de
M. de Tarol ; mais il étoit au deffus
de ces terreurs par fon courage. Ainfi
il ne prit aucunes précautions de fe
cacher, quoique la Ducheffe l'avertît
de fe tenir fur fes gardes jufqu'à ce que
la lettre de cachet fût levée. Elle écrivit à M. de Tarol qu'elle le prioit de
venir la voir ; il y fut : j'attends de
vous , lui dit-elle , un fervice impor-
tant ; votre réputation & la connoiffance que j'ai de votre caractere ne me
laiffent point douter de réuffir. M. de
Tarol ayant répondu galamment , la
Ducheffe lui parla du Marquis , & lui

dit que le service qu'elle exigeoit de lui étoit de ne conserver aucun ressentiment contre lui ; M. de Tarol répondit comme un homme fort au-dessus des services qu'elle pouvoit lui rendre & ne promit rien : mais il lui annonça le mariage de Madame de Valcy avec le Comte de Marsevil.

Un coup de foudre n'auroit pas été si brusque que cette nouvelle : la Duchesse en fut terrassée. Quoi ! Monsieur, lui dit-elle, la Marquise a donc oublié toutes les raisons qu'elle avoit eues de s'opposer à ce mariage. C'est moi, reprit M. de Tarol, qui l'ai déterminée ; ma fille n'est pas un parti si fort à dédaigner ; & si son cœur ne s'étoit pas depuis long-tems déclaré pour le Comte de Marsevil, elle eût trouvé, sans sortir de sa famille, un mari jeune, aimable, & puissamment riche ; mais je ne cherche, en lui assurant mon bien, qu'à la rendre heureuse, en ne la faifant pas dépendre de fon époux. Adieu, Madame, je vous remercie des bontés que vous avez eues pour elle : elle aura fa revanche, fans doute, avec vos pe. tits enfans. En difant ces mots, il la fa- lua profondément & il fortit.

La Ducheffe, ne fachant à quoi fe déterminer pour empêcher ce maria- ge, l'écrivit au Marquis de Verfé, & à la Marquife de Marfevil, qui reçut la lettre, Madame de Valcy étant auprès d'elle : elle fourit à la lecture ; les ter- mes méprifans dont elle fe fervoit ne lui permirent pas de la faire voir à per- fonne, & elle la remit dans fa poche, en difant à Madame de Valcy : Voici une lettre de la Ducheffe, qui eft fu- rieufe de votre mariage ; mais nous la laifferons crier.

Le Marquis fe rendit de nuit chez elle : il parut plus ému que furpris de la nouvelle qu'elle lui dit. Je m'y at- tendois bien, répliqua-t-il, & j'en fuis

beaucoup moins fâché pour votre gendre que pour moi , qui étoit devenu
amoureux férieufement de cette charmante femme. Quoi ! reprit la Ducheffe , vous à votre âge , vous auriez
conçu la penfée de faire une fottife.... ?
Pourquoi non. . . . Ma foi, ma fœur, elle
en vaut bien la peine ; fans art , fans
artifice , elle vous conduit infenfiblement plus loin qu'on ne veut : oui, je
l'euffe époufée, fi elle eût voulu , & je
me ferois trouvé fort heureux de
poff éder une telle femme ; ne vaut-il
pas mieux que votre gendre foit fon
mari que fi je m'en étois chargé ; car fi
elle eût voulu , je lui euffe donné tout
mon bien.

La Ducheffe l'écoutoit , interdite &
confufe. Quoi ! s'écria-t-elle , vous auriez pu vous déterminer à cette lâcheté
& à deshériter vos neveux ? ...Je penfois
comme vous avant de connoître Madame de Valcy ; mais j'ai bien changé

d'opinion depuis que je l'ai vûe ; & je trouve M. de Marfevil fort heureux d'avoir fçu s'en faire aimer : rendons-nous juftice , ajoûta-t-il , quelqu'incertitude qu'il y ait eu fur la naiffance de Mademoifelle de Terville , elle n'exifte plus par la conduite de M. de Tarol, qui non feulement la reconnoît pour fa fille , mais doit lui affurer une affez jolie fortune. Quoi ! dit la Ducheffe , vous oubliez les défordres de fa mere, la façon dont elle a paffé fa jeuneffe , ce que moi-même j'ai fait par compaf-fion pour elle ? Non , dit le Marquis, je fçais tout ; & , fans excufer la conduite de fa mere , je dirai que fi l'on n'époufoit que des filles dont les meres ont été d'une vertu exempte de foupçon , il faudroit fe réfoudre à ne jamais fe marier ; car , ma chere fœur, je ne crois pas que vous ayez été plus fage qu'une autre : vos charmes & votre cœur me garantiffent de mes conjectures, & le Duc de S.-Pere m'a avoué plus d'une fois qu'il vous croyoit le cœur fort porté à l'amour. Si vous n'êtiez pas mon frere, reprit la Duchesse en rougiffant, je ne pafferois pas légerement de pareils propos : ils font la fuite de la mauvaife compagnie que vous avez vûe, & la marque de la corruption de vos mœurs. Vous penfez mal de toutes les femmes, parce que vous n'en avez connu que de libertines. J'avoue, continua le Marquis, que je les aime affez ainfi ; mais ce n'eft pas furquoi je fonde mon expérience ; c'eft fur la connoiffance du monde en général; & je crois qu'il vaut mieux, tout bien confideré, époufer une fille de condition, dont la mere n'a pas été fage, qu'une fille de Finance, dont l'origine & la parenté feroient rougir toute une Province, fi l'on ne s'étoit mis depuis long tems au-deffus de ces préjugés. Encore une fois, ma fœur, ne vous op-

posez

posez plus à l'union de gens qui ne s'embarrassent plus de vous : pour moi, je vais donner mes ordres pour mon départ ; & cours à Marsevil prier la Marquise de faire ma paix avec les futurs : bon jour, ma sœur, aimez Dieu, consolez-vous avec lui des petits revers que vos hauteurs & votre inquiétude vous procurent, & songez que, malgré le libertinage que vous m'avez toujours reproché, je jouis du repos plus que vous.

La Duchesse sortit, outrée de dépit contre son frere : mais comme elle avoit à le ménager à cause de ses petits enfans, elle dévora son amertume, & alla dans son Oratoire, prier Dieu pour la conversion d'un pécheur qui lui avoit été toujours fort cher.

M. de Tarol lui tint la parole qu'il lui avoit donnée, & fit révoquer la lettre de cachet ; & après avoir tout préparé pour le mariage de sa fille, il retourna à Marsevil, où il étoit attendu avec impatience. M. de Prémur revint aussi avec de riches emplettes pour son ne-veu & pour lui ; ils furent reçus par les Dames avec beaucoup de joie. Le Comte de Marsevil ne s'étoit point en-dormi , & quoiqu'il n'eût point quitté Madame de Valcy , il avoit donné de si bons ordres , que deux voitures très-brillantes arriver ent , chargées de tout ce qui pouvoit marquer à son amante son amour , ses tendres soins & sa ma-gnificence ; des valets, des chevaux, tout enfin ce qui pouvoit contribuer à ren-dre ces nôces superbes & célebres dans la Province. Il vouloit réparer par ses attentions tout ce que les oppositions de ses parens avoient fait de tort à Madame de Valcy , attention déli-cate qui enchanta cette aimable fem-me, & qui augmenta sa tendresse & son estime pour son mari.

La joie brilloit sur tous les visages,

excepté fur celui du jeune de Prémur.
Le Comte tâchoit par fes politeffes de
le tirer d'un état fi trifte. M. de Tarol
lui infinua qu'il trouveroit à Marfevil
de quoi le dédommager des efpérances
qu'il avoit conçues de poffeder fa cou-
fine; on lui fit un fi charmant portrait
de Mademoifelle de Marfevil, qu'il
marqua quelque empreffement de la
voir; cette idée adoucit un peu fon
chagrin; trois jours après l'on partit
de bonne heure pour fe rendre à Marfevil, où tout étoit préparé pour les
recevoir.

L'entrevûe de la Marquife & de Madame de Valcy fut très touchante. Quelque portrait avantageux qu'on lui eût
fait d'elle, rien n'approchoit de ce
qu'elle trouva; elle l'embraffa en ver-
fant des larmes de tendreffe, que le
fouvenir de fon frere lui arrachoit. Mademoifelle de Marfevil fe mêla auffi
aux careffes de fa mere, & fçut dé-

dommager Madame de Valcy des mépris de toute la famille de S.-Pere. Quels doux momens pour son cœur! La reconnoiſſance eſt égale à la ſenſibilité que l'on éprouve pour les mauvais procédés ; c'eſt ainſi que la vertu, & plus encore la perſévérance, viennent à bout de vaincre les plus grands obſtacles, & ſouvent juſqu'aux événemens.

La vûe de Mademoiſelle de Marſevil acheva d'effacer de l'eſprit du jeune de Prémur l'impreſſion que Madame de Valcy y avoit faite ; il s'attacha dès les premiers jours à lui plaire & y réuſſit : il étoit de la plus belle figure, & d'une douceur inſinuante qui intéreſſoit tout le monde : ſi ſon éducation avoit été négligée du côté des connoiſſances, il réparoit ce défaut en réuſſiſſant parfaitement à tous les exercices militaires. M. de Tarol, qui l'obſervoit attentivement, & qui s'étoit apperçu du goût qu'il commençoit à prendre pour

Mademoiselle de Marsevil, fut trouver
la Marquise : je viens , lui dit-il en
riant , vous demander Mademoiselle
votre fille en mariage. Pour vous , reprit-elle ? Hélas ! Madame , continua-
t-il , il ne m'appartient plus d'aspirer au
bonheur d'être l'époux d'une aussi charmante personne ; c'est pour un homme
qui la mérite bien mieux que moi ; c'est
pour mon neveu , qui joint aux agrémens de l'âge & de la figure', une très-
riche fortune. Il étoit venu de l'Amé-
rique pour épouser sa cousine ; il la
trouve engagée avec M. de Marsevil :
vous lui devez en conscience , Madame , un dédommagement. Cela me paroît juste , répliqua la Marquise en
souriant ; mais ma fille est à consulter ,
& je ne veux rien dire que je ne lui
aie parlé : demain je vous rendrai réponse.

Elle prit dès le jour même sa fille en
particulier ; avouez-moi , lui dit-elle ,

ce que vous penfez de M. de Prémur ? Beaucoup de bien, répondit Mademoiselle de Marfevil fans héfiter.....Vous plaît-il ? Je crois que oui. Depuis trois jours qu'il eft ici, je n'ai pas encore eu le tems de fçavoir ce qu'il mérite; mais maman, à vous parler avec fincérité, fi fon caractere & fon efprit répondent à fon extérieur, je ne ferois pas fâchée que vous approuvaffiez fes fentimens; car je crois qu'il m'aime déja : il me l'a dit du moins. Ce n'eft pas mal avancer, reprit la Marquife, de vous avoir appris ce qu'il fentoit. Que lui avez-vous répondu. Que je n'en étois point fâchée, continua Mademoifelle de Marfevil. Encore mieux, dit la Marquife en affectant un air févere. Quoi donc, reprit Mademoifelle de Marfevil en careffant fa mere! Ai-je fi mal fait ...Votre naïveté vous excufe; cependant il ne faut pas dire fi--tôt aux hommes ce que l'on penfe ; ils s'en prévalent ordinairement ; mais vous pouvez regarder avec quelque préférence M. de Prémur ; & si ses qualités répondent à sa fortune , je ne désapprouverai point ses recherches. Mademoiselle de Marseville embrassa sa mere de bon cœur , & parut fort satisfaite de la promesse qu'elle venoit de lui faire.

A mesure que le Baron de Prémur prenoit de la passion pour Mademoiselle de Marsevil , il devenoit plus inquiet des suites ; il craignoit que la Marquise ne le trouvât pas un assez grand parti pour sa fille , & il pressa son oncle d'en faire la demande. Parbleu ! lui dit-il , j'en avois la pensée. Tu es bien sot de craindre un refus ; Monsieur vaut bien Mademoiselle : je parierois bien qu'ils accepteront de bonne grace la proposition ; &, si je ne me trompe , la jeune personne en sera bien aise : dis le franchement. Le Baron avoua qu'il lui avoit parlé de ses sentimens , & qu'il n'avoit point été mal reçu. Tant mieux, reprit l'oncle, mais ne preſſons rien ; il faut voir venir ces gens-là à ſouhaiter ce mariage. M. de Tarol étant ſurvenu, fut de même avis ; mais le Baron eut beaucoup de peine à prendre patience.

L'arrivée imprévue du Marquis de Verſé ſurprit fort tout le monde : on ne ſçavoit que penſer de cette viſite dans cette occaſion ; mais il ne laiſſa pas long-tems dans l'incertitude. Je viens, dit-il d'un air engageant & libre, prendre part à votre ſatisfaction, & réparer, s'il eſt poſſible, les inquiétudes que j'ai cauſées au Comte de Marſevil ; enfin, je viens à la nôce, quoique l'on ne m'y ait pas invité; & je vous prie de faire ma paix avec les amans, dit-il, en s'adreſſant à la Marquiſe. Le ton dont il prononça ces paroles, raſſura entiérement cette Dame, que la viſite du Marquis avoit allarmée : ſon embarras étoit grand ; mais prenant ſon parti, elle lui répondit que, pour elle, elle ne conservoit aucun reſſentiment ; mais qu'elle ne pouvoit répondre ni de ſon fils, ni des perſonnes qu'il avoit ſi cruellement offenſées ; qu'elle lui avouoit même qu'elle ne le voyoit pas ſans frayeur dans un lieu où les parens de M. de Valcy étoient aſſemblés pour ſon mariage. Je connois votre eſprit, reprit le Marquis : & ſi vous vous en mêlez, je ſuis ſûr que vous arrangerez les choſes de façon que tout le monde ſera content. J'apporte un préſent de nôce à l'épouſée, qui pourra réparer les petits chagrins que je lui ai cauſés. La Marquiſe voyant qu'il étoit déterminé à vouloir entrer dans le ſallon où étoit la compagnie, chercha dans ſon eſprit les moyens de le réconcilier avec toutes les perſonnes qui étoient irritées contre lui. Elle le pria d'attendre un moment, & entra ſeule dans le ſallon.

Je viens vous annoncer, leur dit-

G v

elle, une étrange converfion. M. de Verfé eft ici dans l'intention de faire une réparation à ma fille, en montrant Madame de Valcy; & je le crois dans la bonne foi, continua-t-elle : il eft venu avec un fimple valet-de-chambre; il fe livre à nous fans crainte, & il vous croit affez généreux pour lui pardonner.

L'on fe regardoit pendant tout ce difcours, & l'on fembloit fe confulter fur ce qu'on devoit faire. M. de Tarol prit la parole; vous êtes la maitreffe, Madame, d'en ufer avec M. de Verfé comme il vous plaira, & votre conduite décidera de la nôtre.

Les Dames étoient paffées dans le jardin, fort inquiettes à quoi aboutiroit l'étrange vifite du Marquis, & foupçonnant quelque myftere; mais elles virent venir le Comte de Marfevil en riant, qui leur faifoit figne d'approcher. On vous attend, dit-il, pour être témoin du compliment qui s'adreſſe à vous ſans doute, dit-il tendrement à Madame de Valcy, qui héſitoit à rentrer ; mais la prenant par la main, il lui dit qu'il alloit la préſenter à ſon oncle : les autres Dames ayant ſuivi, ils rentrerent tous dans le ſallon, où ils trouverent le Marquis avec le reſte de la compagnie.

Cette entrevûe fut froide & ſérieuſe d'abord ; mais la Marquiſe ayant préſenté M. de Verſé à Madame de Valcy : voici, dit-elle, ma fille, un de vos adorateurs qui eſt repentant & ſoumis ; j'eſpere que vous oublierez le paſſé, & que vous lui pardonnerez pour l'amour de moi. Madame de Valcy répondit que, puiſqu'elle deſiroit qu'elle oubliât les circonſtances de ſa vie les plus fâcheuſes, elle n'en garderoit aucun ſouvenir. Elle eut peine, cependant, de prendre avec le Marquis cet air enjoué & tendre qu'elle avoit avec les autres. Ni fa conduite foumife, ni les louanges qu'il lui donnoit, rien ne put effacer les impreffions fâcheufes qu'elle avoit conçues de fon caractere: elle lui pardonna plus dans fon cœur fon enlevement, que de certains dif-cours méprifans qu'il lui avoit tenus: c'eft ainfi que l'amour-propre eft plus difficile à fatisfaire que tout autre in-térêt.

Les premiers momens paffés, la Marquife prit fon fils & M. de Tarol à part, & leur dit qu'elle exigeoit pour preuve de leur amitié qu'ils n'euffent aucun reffentiment contre le Marquis, & qu'elle leur demandoit leur parole : le Comte, qui dans ce moment auroit donné fon ame à fa mere, lui promit tout ce qu'elle voulut : M. de Tarol ayant dit la même chofe, elle rentra charmée du tour que prenoit cette af-faire. Le mariage, qui avoit été differé à caufe des préparatifs, fut enfin fixé.

Plus le Comte y avoit trouvé d'oppofition, plus il fe crut obligé de le rendre
folemnel, pour dédommager fon amante
des mortifications qu'elle avoit effuyées,
& pour lui perfuader qu'il regardoit
fon alliance auffi honorable qu'heureufe
pour fon amour.

La veille du mariage, la famille s'af-
fembla pour dreffer les articles du Contrat. M. de Tarol affura tout fon bien
à Madame de Valcy ; fon oncle dit en
frappant de la main fur la table : c'eft
à mon tour à parler, cela eft jufte, car
j'ai quelque chofe à dire de bon : je
donne à la future deux cents mille livres
de préfent de nôces avec la condition
qu'elle abandonnera la terre de Prémur au Baron mon neveu : tout le
monde fe regardoit : le Marquis, écla-
tant, prit la parole : Ah ! parbleu ! dit-
il, la Ducheffe fera bien furprife quand
elle fçaura cela : puis regarda Madame de Valcy, qui, déterminée par

sa reconnoissance s'étoit jettée dans les bras de son oncle, qui la serroit de toute sa force ; il sembloit attendre la fin de cette scène attendrissante pour placer aussi quelque chose. Le Comte seul paroissoit triste ; vous voulez donc continua-t-il, m'ôter la douce satisfaction de mettre Madame dans un état plus brillant que celui dans lequel elle vivoit : j'avois prié M. de Tarol de jouir de sa fortune ; vos bienfaits, Monsieur, me désesperent.... Non, non, ne craignez rien, reprit Madame de Valcy, d'un ton attendri ; rien ne diminuera jamais ma reconnoissance pour vous ; je n'oublierai pas que vous m'avez préférée dans un tems où je n'avois rien..... pas même l'avantage de connoître.... Elle alloit poursuivre ; mais comme on ne vouloit pas instruire M. de Prémur de l'histoire de Madame de Terville, on lui fit un signe qu'elle entendit, & l'on changea de conversation.

Le Marquis , que cette scène avoit mis de la plus belle humeur, se leva, & s'avançant auprès de Madame de Valcy de l'air le plus galant , la complimenta sur son mariage , & lui présenta une aigrette de diamans de la plus grande beauté , en lui disant , que, puisqu'il avoit eu le bonheur de la tenir trois mois renfermée chez lui en négligé , il étoit juste qu'il contribuât à sa parure le jour de ses nôces : Madame de Valcy regarda sa belle-mere pour sçavoir ce qu'elle devoit faire ; la Marquise lui fit un signe qu'elle entendit , & recevant de bonne grace le présent du Marquis , elle l'embrassa , en lui marquant une respectueuse reconnoissance.

Il manquoit une satisfaction à toute la compagnie ; c'étoit la certitude du mariage de Mademoiselle de Marsevil avec le Baron de Prémur. L'oncle jura qu'il falloit se décider là-dessus ou qu'il ne restoit pas à la nôce. Cette menace allarma tout le monde ; la Marquise, dont on attendoit la réponse, répondit qu'elle n'avoit garde de s'opposer à une satisfaction que l'on sembloit desirer unanimement ; le Baron répondit avec encore plus d'amour que d'esprit. Bon, reprit l'oncle, il met de l'ame dans ce qu'il dit, & je suis content de cela : pour rendre la fête complette il nous manquoit la parole de Madame la Marquise ; j'aime qu'on se marie : mon neveu est bien fait, jeune, amoureux, il sera un bon mari : vive la jeunesse ; car à notre âge, ajoûta-t-il, en regardant malignement M. de Tarol, nous n'avons rien à espérer de bon : qu'en dites-vous, mon frere ? Je trouve que vous avez raison, reprit M. de Tarol : puis se reprenant ensuite : je n'ai pas voulu me marier, je ne sçais trop pourquoi, si ce n'est que j'ai été trompé par deux maitresses, & que je craignois de l'être encore plus par ma femme : j'ai élevé mon neveu, il m'a tenu lieu de fils ; j'ai vécu, si ce n'est sagement, au moins assez heureusement pour ne pas desirer de changer d'état ; j'ai gagné du bien : & l'envie de voir ma Patrie & ma famille, m'a fait repasser les mers avec les richesses que j'ai acquises, qui suffisent pour faire un sort heureux à mon neveu & assuré pour moi, & faire un présent à ma niéce : si vingt-cinq mille livres de rente actuellement, & l'espérance de ma succession, peuvent être une situation convenable pour Mademoiselle de Marsevil, je m'offre d'en signer le contrat quand on voudra ; mon intention est d'améliorer la terre de Prémur, de la rendre habitable & d'y passer une partie de l'année ; elle est voisine des biens de mon futur neveu, & nous aurons la satisfaction de nous voir souvent.

La Marquise trouva ces arrangemens très-sages ; les approuva & consentit au mariage de fa fille avec M. de Prémur, qui prit le titre de fon grand pere, qu’on avoit toujours nommé le Baron de Prémur. Le Marquis ajoûta fon bon mot, & tout le monde fe fépara avec une égale fatisfaction.

Le lendemain les perfonnes invitées au mariage fe trouverent de bonne heure au château. Madame de Vaury ne pouvoit contenir fa joie : elle s’applaudiffoit d’avoir contribué par fa prudence à ménager tous les efprits, & voyoit avec une grande fatisfaction le bonheur de fon amie. L’efpérance donnoit encore des charmes à Mademoifelle de Marfevil, & la Marquife fentoit le plaifir vif & délicat que donne le bonheur des perfonnes que l’on aime. Quant aux hommes, ils étoient plus ou moins affectés, felon que leurs paffions étoient fortes : ils prenoient un intérêt plus ou moins vif au bonheur des deux amans. Le Comte, enivré de fa félicité, ne respiroit qu'après le moment qui devoit l'unir pour jamais à l'objet sans lequel il auroit renoncé à la vie. La vertu pour cette fois fut récompensée ; mais Madame de Valcy est un exemple qui sera peu suivi : il est rare de passer par tant d'épreuves sans avoir de fautes à se reprocher.

Mademoiselle de Marsevil épousa quelques mois après le Baron de Prémur ; ce fut dans la famille de nouvelles occasions de plaisir & de contentement : jamais époux ne furent plus heureux que ce double couple ; l'inclination, la vertu, le mérite, tout se trouva réuni pour les rendre heureux.

L'Abbé de Ligny crut avoir beaucoup gagné que d'obtenir un Bénéfice en Bretagne, que la Duchesse de S.-Pere avoit sollicité pour lui ; il n'assista point au mariage de sa nièce, qui ne l'auroit pas vû avec plaisir ; lui-même s'en dispensa très-volontiers : sa conduite singuliere n'avoit pas réuſſi , & quoique ſes intentions fuſſent bonnes & ſes mœurs pures , il vit que le zele inconſideré & une vertu trop auſtere ne réuſſiſſent pas toujours & peuvent nuire quelquefois.

Fin de la ſixième & derniere Partie.

www.ingramcontent.com/pod-product-compliance
Ingram Content Group UK Ltd.
Pitfield, Milton Keynes, MK11 3LW, UK
UKHW021631170726
13836UKWH00005B/2146